赚钱有道

7步教你成为赚钱高手

郑小四 ◎ 著

台海出版社

图书在版编目（CIP）数据

赚钱有道 / 郑小四著 . -- 北京：台海出版社，2024.9. -- ISBN 978-7-5168-3966-9

Ⅰ . F0-49

中国国家版本馆 CIP 数据核字第 20249T9C19 号

赚钱有道

著　　者：	郑小四
责任编辑：	赵旭雯
封面设计：	尚世视觉
出版发行：	台海出版社
地　　址：	北京市东城区景山东街 20 号　　邮政编码：100009
电　　话：	010-64041652（发行，邮购）
传　　真：	010-84045799（总编室）
网　　址：	www.taimeng.org.cnthcbs/default.htm
E - mail：	thcbs@126.com
经　　销：	全国各地新华书店
印　　刷：	三河市双升印务有限公司

本书如有破损、缺页、装订错误，请与本社联系调换

开　　本：	710 毫米 ×1000 毫米　1/16		
字　　数：	153 千字	印　张：	11
版　　次：	2024 年 9 月第 1 版	印　次：	2024 年 10 月第 1 次印刷
书　　号：	ISBN 978-7-5168-3966-9		
定　　价：	58.00 元		

版权所有　　翻印必究

前 言

谨以此书献给所有勤劳、渴望幸福生活的人们——无论你是找不到工作的求职者、正在寻找额外收入的上班族、刚刚起步的创业者,还是渴望转型的职场人士,这本书都将为你提供切实可行的方法和策略,帮助你在不同的赚钱渠道中找到最适合你的那一条。

这是一个创造奇迹的时代,拥有金钱、渴望富有是很多人的梦想。但是,世间做生意的人成千上万,为什么有的人能够赚得盆满钵满,而有的人到头来却亏得血本无归?

两个人,一个体弱的千万富翁,一个健康的穷汉,两个相互羡慕着对方。富翁为了得到健康,乐意让出他的财富;穷汉为了成为富翁,随时愿意舍弃健康。

一位闻名世界的外科医生发现了身体交换方法。富翁赶紧提出要和穷汉交换身体。其结果是,富翁会变穷,但能得到健康的身体;穷汉会变富,但将病魔缠身。

手术成功了,穷汉成为富翁,富翁变成了穷汉。

不久,成了穷汉的富翁由于有了强健的体魄,又有着商人的头脑,以及之前积累的资源,渐渐地又积累了财富。而那位成了富翁的穷汉虽然拥有了千万财富，但是由于他缺乏经营头脑，不断地把钱浪费在无用的投资和身体的治疗中，最终又变成了穷汉。

一个人能否实现财富增长，关键要看他是否能够充分挖掘自身的创富潜能，是否拥有正确的创富理念，是否懂得巧妙地运用创富技巧，是否真正拥有创富的资本。

本书将引领你走出财富误区，提高财富智商，领悟赚钱的最高境界，体验赚钱智慧游戏。本书分别从认知金钱、抓住机遇、用钱生钱、投资赢钱、创新谋钱、谈判赚钱、"吝啬"守钱等7个方面，教你如何正确认识金钱；如何积累资源、把握信息，从而抓住财富机遇；如何用少量的资金逐渐滚雪球；如何寻找赚钱赛道；如何靠情商和谈判将利益最大化；如何守住自己的财富，让自己实现财务自由。

本书全面剖析财富快速增长的多种方法和技巧，详尽解读有钱人创造财富神话的密码，全程演示有钱人的财富奥秘。希望各位读者能从此书中进一步体会到赚钱的真正价值所在。赚钱不只是一个目标，更是一个过程。在这个过程中，你收获的将不仅是金钱，还有更多的知识、技能和自信。准备好迎接挑战，并开始实现你的财务自由之梦了吗？那么，就让我们一起踏上这条充满机遇与惊喜的道路吧！

目 录

第一章

从穷到富的第一步：爱上金钱

1. 你越爱钱，钱越爱你 / 002
2. 随大流做"好"项目？不！你缺乏赛道思维 / 005
3. 遇到瓶颈的时候，就去学习 / 008
4. 爱财不贪财，财源滚滚来 / 012
5. 别人瞧不起的小生意，做好也能赚大钱 / 015
6. 诚信是做生意最低的成本 / 019
7. 可以没钱没资源，但要有"野心" / 022

第二章

从穷到富第二步：你缺一个机会

1. 做一个随时有准备的人 / 026
2. 敢尝试、要尝试，不错过任何一个可能发财的机会 / 030
3. 经济下行，普通人没出路？多注意你身边的机遇与风险 / 033
4. 安安稳稳打工挺好的？主动出击，月薪 3000 也能快速赚钱 / 036
5. 快人一步，发家致富 / 040
6. 被迫停下时，别忘了从挫折中寻找机会 / 043
7. 女人的钱好挣 / 047
8. 没好项目，不赚钱？巧用就近原则，好机会就在身边 / 050

第三章

从穷到富第三步：用钱生钱

1. 信息时代，信息就是商机 / 055
2. 没有启动资金，那就借他人的钱来赚钱 / 058
3. 打开知名度最好的方法——让有名的人替你说话 / 061

④ 如何遇到自己的贵人 / 065

⑤ 你身边的人，决定你的人生走向 / 068

⑥ 巧借"白嫖"心理，吃小亏，赚大钱 / 071

⑦ 专业的人做专业的事——让他人为自己赚钱 / 075

第四章

从穷到富第四步：投资赢钱

① 怎样降低风险——鸡蛋要放在不同的篮子里 / 081

② 凡事不要只看眼前，目光一定放长远 / 084

③ "虎口夺食"——关注那些看似危险但却正确的项目 / 087

④ 缺钱如何进行投资 / 091

第五章

从穷到富第五步：创新谋钱

① 夕阳行业无前途？旧经验也能创新收 / 095

② 市场太饱和？不妨试试复制式创新 / 098

③ 钱不好赚？你缺少一双发现身边财富的眼睛 / 102

④ 如何让你的产品脱颖而出——差异化包装 / 106

⑤ 有点反常但能快速赚钱的方法 / 109

⑥ 信息捕捉得好，一辈子穷不了 / 112

⑦ 做别人需要的——满足需求是赚钱的本质 / 115

⑧ 赛道太拥堵，不妨另谋出路 / 118

⑨ 一定要有梦想，万一实现了呢 / 121

第六章

从穷到富第六步：靠谈判赚钱

① 知己知彼，才能百战百胜 / 128

② 巧借"饥饿"营销，谈判更容易 / 131

③ 不要轻易暴露自己的底牌，化被动为主动 / 135

④ 软硬兼施，让谈判更轻松 / 139

⑤ 谈判时总是很被动？不妨试试僵持战术 / 142

⑥ 做最坏的打算，才能抱最好的希望 / 145

第七章

从穷到富第七步:"吝啬"管钱

① 每天储蓄一点点,左手现金流,右手滚雪球 / 148

② 管好自己的每一分钱 / 151

③ 你的穷富,是由你的现金流决定的 / 154

④ 别把员工的利益榨干 / 161

⑤ 为顾客提供完美服务 / 164

第一章

从穷到富的第一步

爱上金钱

"生而贫穷并无过错,死而贫穷才是遗憾。"金钱是一种货币,本身不存在贵贱之分,但它是财富的象征,是一个人拥有多少物质财富的标志。

做生意,首先要敢去想,如果没有赚大钱的欲望,就免谈做大生意的行动。不要羞于谈论财富,更不要放弃对财富的追求。拥有赚钱欲望是很多人成功的第一张王牌。

1

你越爱钱，钱越爱你

> 拥有赚钱欲望是很多人成功的第一要素。

年广久，一个安徽穷山村里的农民，论文化，他除了自己的名字以外，几乎一字不识；说条件，他幼年随母亲外出逃荒，走进芜湖时，衣不蔽体，赤着双脚。他知道，没有钱自己和家人无法生存。

1949年以后，年广久就在街头摆摊。但由于经常不善，1963年，年广九因投机倒把罪被判处有期徒刑一年。

出狱后，为维持生活，年广久卖起了瓜子。在当时的社会环境下，年广久的瓜子事业在地下"偷偷摸摸"地发展起来。

年广久这样描述当时的生活：每天晚上七八点钟开始炒瓜子，一炒就是几百斤，一口气干到第二天早晨5点；洗洗脸，稍微睡一会儿，7点钟左右又起来，开始把炒好的瓜子分包包好，中午12点左右，人们下班时间到了，就出去偷偷地卖；下午再包，6点钟人们下班时间再卖。如此循环往复。

年广久的"傻子"头衔也是此时落下的：人家买一包，他会再抓一把瓜子给人家，人家不要，他会硬往人家口袋里塞。当"傻子"的结果就是，他在1976年的时候就赚了100万元。

有人认为这是他机遇好，但当时卖瓜子的人有很多，为什么偏偏他发了大财？他的结发妻子耿秀云说了一番很有道理的话："年广久没有文化，对于'经济'，与其说他懂，不如说他有感觉。并且他对于'钱'的感觉又是出人意料的精，当拥有它的时候，就叫富，没有它的时候，就叫穷！"年广久，这位穷怕了的农民，就是认定了一个理——要赚钱！要致富！因此，别人说他投机倒把他不怕，只要没有人来抓他，他照样炒瓜子；他在中国率先雇工，有人说他这是要当资本家，但他说人手不够，不请人怎么办？

年广久爱钱，他对钱的热爱并没有停留于脑海里，而是为之付出了行动。即使经商环境恶劣，也没有阻挡他对金钱的追逐。从脑海里爱钱，到行动起来赚钱，就是你致富的第一步。

编者点评

畅销书《富爸爸，穷爸爸》指出，富爸爸、穷爸爸都是聪明能干的人，但因为两人对金钱的看法有很大的不同，最终导致了一个身后留下了数千万美元的巨额财产，而另一个终生为财务问题所困扰。穷爸爸对钱不感兴趣，他认为钱对他来说不重要；富爸爸却认为金钱就是力量。穷人和破产者之间的区别是：破产是暂时的，而贫穷是永久的。因为金钱观念不同，穷爸爸一生都在为钱工作，而富爸爸的人生是"钱要为我工作"。

赚钱正是一种想要挑战自我的乐趣。

当别人说你"钻到钱眼儿里去了""见钱眼开"时，不必不好意思。在不违反法律法规，不违背社会道德的情况下，爱钱并不是坏事儿，也并不庸俗。贫穷的清高能解决日常生活中的柴米油盐、生老病死吗？所以你有什么理由不爱钱呢？又有什么理由因为爱钱而感到羞愧呢？

2 随大流做"好"项目？不！你缺乏赛道思维

> 任何时候都有人在赚钱，任何时候都有好项目。遇到"好"项目，我们该怎么办？跟风去做？不！都做同样的项目，只会让竞争加剧。选一条人少的赛道，才能别有一番作为。

19世纪中叶，美国加州传来发现金矿的消息。许多人认为这是一个千载难逢的发财机会，于是纷纷奔赴那里。17岁的小农夫亚默尔也加入了这支庞大的淘金队伍，他同大家一样，历尽千辛万苦，赶到加州。

淘金梦是美丽的，做这种梦的人很多，而且还有越来越多的人蜂拥而至，一时间加州遍地都是淘金者，金子自然越来越难淘。不但金子难淘，而且淘金者的生活也越来越艰苦。当地气候干燥，水源奇缺，许多不幸的淘金者不但没有圆致富梦，反而葬身此处。

小亚默尔经过一段时间的努力，和大多数人一样，不但没有发现黄金，反而被饥渴折磨得半死。

一天，他望着水袋中一点点舍不得喝的水，听着周围人对缺水的抱怨，亚默尔突发奇想：淘金的希望太渺茫了，还不如卖水呢。于是，亚默尔毅然放弃淘金，将手中挖金矿的工具变成挖水渠的工具，从远方将河水引入水池，用细沙过滤，成为清凉可口的饮用水。然后，他将水装进桶里，挑到山谷中一壶一壶地卖给找金矿的人。

当时，有人嘲笑亚默尔，说他胸无大志："千辛万苦地到加州来，不挖金子发大财，却干起这种蝇头小利的小买卖。这种生意哪儿不能干，何必跑到这里来？"亚默尔不为所动，继续卖他的水。结果，淘金者大多都空手而归，而亚默尔却在很短的时间内靠卖水赚到了几千美元，这在当时是一笔非常可观的财富了。

机灵源于智慧，是智慧在非常状态下的自然迸发。在选择赛道的过程中，是选择大家都在做的项目，还是另辟蹊径，选择鲜少有人做的项目？这就取决于你的智慧。赛道思维，能让你赢得更轻松。

编者点评

当前有哪些大热的赚钱领域呢？AI 领域、养老服务领域、宠物经济领域、新能源领域、互联网与数字化领域、大健康领域……

如果这些领域范围太大，仔细观察你的周围，有哪些赚钱的生意呢？做新的、做旧的、做女人的、做小孩的、做健康的、做养生的、做好吃的、做好玩的、做舒适的、做人人需要的、做富人需要的、做情侣需要的、做政府集体需要的等。你尽可能地发挥主观能动性，去看看、去想想别人都在做什么生意。

但需要注意的是，千万不要选择市场饱和的赛道。例如你想开一家奶茶店，如果方圆 5 千米内处处是奶茶店，那么奶茶店便不是适合你的商机。

3 遇到瓶颈的时候，就去学习

"知识就是力量"，这句话现在听来感觉或许很老套，其实不然。想一下，即使你现在拥有万贯家财，生活无忧，但是"天有不测风云"，当你工作遇到困难，当你因某种原因失去原来的一切时，你所拥有的知识却始终是属于你的，是外界不能夺走的。那么这时候的你其实并非一无所有，你可以利用所拥有的知识去创造新的财富。

有"股神"之誉的美国富豪沃伦·巴菲特，用 100 美元起家，仅仅从事股票投资，几十年后变成了几百亿美元，成为世界巨富。美国《幸福周刊》1996 年评出的最好的公司中，巴菲特名下的金融服务公司——伯克希尔·哈撒韦公司名列第三。在 1998 年 10 月出版的美国《财富》杂志评选出来的"世界明星企业排行榜"中，哈撒韦公司列第七位。2005 年年底，他的资产已经达到了 440 亿美元，相当于一个小国家的国民生产总值。即使到如今，巴菲特依然是大名鼎鼎的世界级富豪。

巴菲特的成功，得益于本杰明·格雷厄姆、菲利浦·费舍两位精神导师的相助，但更取决于他自己非同一般的运用知识的能力。

巴菲特出生于一个经商世家，祖父从事杂货零售，父亲先继承零售业，后来成为股票经纪人。巴菲特受家庭影响，从小就对商业感兴趣。17岁时，巴菲特进入内布拉斯加州大学的企业管理系学习。当时有一本畅销书叫《聪明的投资者》，巴菲特读过这本书后，对作者格雷厄姆肃然起敬，他把此书视为珍宝，能师从格雷厄姆成为青年巴菲特最大的愿望。所以大学一毕业，巴菲特就只身奔赴纽约，进入格雷厄姆任教的哥伦比亚商学院，直接投到格雷厄姆教授的门下。

格雷厄姆投资理论的精髓，在于强调对一系列企业实质投资价值了解的重要性，并相信能通过数学方式正确地计算这种投资价值。这一理论对巴菲特的投资理念的形成产生了重要作用。当时格雷厄姆还兼任政府公务员保险公司的主席，这使巴菲特选修了保险业知识。后来，巴菲特又亲历了格雷厄姆关于"价值第一"这种理念的检验，获得哥伦比亚大学经济硕士学位后，他加盟格雷厄姆·纽曼公司，跟恩师一起进行投资操作实践。

1956年，62岁的格雷厄姆退休，格雷厄姆·纽曼公司随之解散。巴菲特回到自己的故乡，在亲友的支持下，7个人合伙成立了投资公司。当时巴菲特的投资，是从100美元开始的。

通过学习，巴菲特领悟到了"品牌商誉价值"的重要性，他学会了从长远看问题的方法。1962年，巴菲特和他的合伙人购买了正处于困难之中的哈撒韦纺织公司的股票，因为巴菲特认为该公司品牌商誉较好、发展潜力大。后来的实践证明，巴菲特的选择是正确的。1967年3月，巴菲特投资860万美元购买国家赔偿金公司和全国"火水"保险公司的股票。这一投资很快使巴菲特获得了巨大收益，几个合伙人都成了富豪。

1969年，巴菲特个人财产已经达到2500万美元。这一年他研读了费舍有关投资方面的著作，一下子又被费舍的一些精辟观点吸引住了。他去拜访费舍，费舍很高兴地接待了巴菲特，并对他进行了谆谆教导。

在股票投资上获益颇丰的巴菲特，开始向其他行业扩张。他收购了《华盛顿邮报》和一家面临破产的保险公司，并大肆投资美国广播公司。在20世纪七八十年代里，他的股票投资除了广告、广播、保险以及出版公司外，还有底特律全国银行、通用食品公司、美国铝业公司、平克顿服务公司和雷诺烟草公司等。几乎除了资本财务、能源、科技和公用事业之外的各个主要工业集团，都有巴菲特的投资。

巴菲特无疑是世界上最成功的投资家，他所选择的投资对象，几乎都成了他的"摇钱树"。他的投资智慧来源于他的两位精神导师，更是他自己不断吸纳并且运用自己所学知识的结果。

伟大的阿基米德有一句流传千古的名言：给我一个支点，我可以撬起地球。即使如今已经步入了"信息时代"，但知识永远如同信息的炊米，有了知识的加持，信息才能成为撬动财富的那根杠杆。作为现代人，想要比别人挣更多的钱，一定要比别人学更多的知识，并且恰当地运用它。

编者点评

你或许会说:"我很忙,我很累,所以我没有时间学习;我已经工作很多年,虽然工作遇到瓶颈,但是不知道该学什么。"

其实只要你愿意,即使工作繁重、生活压力大,也可以每天抽出十几分钟、几十分钟的时间学习,日积月累,终将学有所成。

不知道学什么,便学和自己工作相关、兴趣相关的知识,一些与可以赚钱的项目相关的知识也是学习的对象。用手机搜索各类视频网站,你能搜到想学的知识的详细教程;去书店逛逛,你也能在知识的海洋畅游。如果以上方式依旧不能满足你的求知心,那就去报名相关课程,抑或是重新进入校园,等等。如果你真的想要学习,方法自然比困难多。

4

爱财不贪财，财源滚滚来

> "贪婪"指贪得无厌，即对与自己的实力不相称的某一目标过分的欲求。它是一种病态心理，与正常的欲望相比，贪婪没有满足的时候，反而是越满足，胃口就越大，用"人心不足蛇吞象"来比喻最恰当。贪婪是万恶之源。

有这样一个故事：

一个沿街流浪的乞丐每天总在想，假如我手头有20000元钱就好了。一天，这个乞丐无意中发现了一只很可爱的小狗，乞丐发现四周没人，便把小狗抱回了他住的桥洞里，拴了起来。

这只狗的主人是本市有名的大富翁。这位富翁丢狗后十分着急，因为这是一只纯正的爱尔兰名犬。于是，富翁就在当地电视台发了一则寻狗启事：如有拾到者请速还，付酬金20000元。

第二天，乞丐沿街行乞时，看到这则启事，便迫不及待地抱着小狗准备去领那 20000 元酬金，可当他匆匆忙忙抱着狗路过贴启事处时，发现启事上的酬金已变成了 30000 元。原来，富翁寻狗不着，又电话通知电视台把酬金提高到了 30000 元。

乞丐似乎不相信自己的眼睛，向前走的脚步突然间停了下来，想了想，又转身将狗抱回了桥洞，重新拴了起来。第三天，酬金果然又涨了，第四天又涨了，直到第七天，酬金涨到了让市民都感到惊讶的程度时，乞丐这才跑回桥洞去抱狗。可想不到的是，那只可爱的小狗已被饿死了，原来这只狗在富翁家吃的都是鲜牛奶和鲜牛肉，根本不吃乞丐从垃圾筒里拣来的东西。

贪婪的乞丐最后竟然一分钱也没有得到，正是因为他过于贪婪，才失去了获得财富的最佳时机，眼睁睁地看着财富与自己擦肩而过。

贪婪往往会让人一无所有。

一位母亲在她的儿子即将步入社会时，给他讲了这样一个故事：

一个年轻的樵夫非常喜欢读书，他每天都要把砍的柴从山里背到城里去卖。为了节省走路的时间，多读一些书，他决定买一头驴来代步。

樵夫从集市上买了一头驴牵回家。他的儿子看到爸爸买了头驴回来，非常高兴，就把驴牵到河边去洗澡，结果驴脖子上掉下来一锭黄澄澄的金子，足足有 50 两。儿子欢呼雀跃，认为从此可以脱离贫穷的生活了。

可是，出乎儿子意料的是，当他把金子的来历告诉樵夫后，樵夫马上领着他赶到集市，把金子还给了卖驴的那个人，樵夫说："我买的只是驴子，而没有买金子，我只能拥有我所买的东西，这才是正当行为。"

听完母亲的故事，儿子恍然大悟。

编者点评

　　人生而有欲，人性中的欲望是推动人类社会进步发展的源泉。人类正是在一种积极进取、不断实现自身需求的欲望中，才激发出力量、创造出数千年的灿烂文明和丰硕成果。

　　但与此同时，人要管住自己的欲望，而不是任由自己变成一个贪婪的人。如果你是一个主播，不能因为贪图打赏而直播的内容毫无下限；如果你是一个外卖商家，不能为了省钱而使用劣质有害食材；如果你是一个普通打工人，不能为了贪图轻松，糊弄本该认真完成的工作。贪婪的人，或许此时此刻正在享受因贪婪而获得的"成果"，殊不知贪婪之神的馈赠，早已在未来标注好了价格。

5

别人瞧不起的小生意，做好也能赚大钱

不少人有过这样的感受，即觉得自己怀才不遇，有一种想发财却摸不着门路的惆怅。其实这些想法说白了，就是高不成，低不就。什么意思呢？就是说一个人想要有一番成就，想要好的工作，拿高薪，但是事实上他却高估了自己的能力，他无法胜任高薪工作；对于那些不起眼的事情，他们又有一种大材小用，不屑于此的态度，最终只能落得一事无成。其实很多细小的东西，看起来不起眼，但是对于有心的人来讲，其中隐含着无限的商机。

曾经听过一个这样的笑话：

古时候有一个地主外出去游玩，在一个小村子里看到一栋三层的阁楼。

地主看了心痒痒的，认为最上面的那一层真的是异常漂亮，是他所见过的最美的一层阁楼。于是回到家里，他命令工匠连夜筑一栋一模一样的小楼。

次日，地主满心欢喜的去看阁楼建得如何了。但是一见到小楼他的脸就马上变了。他大发雷霆："我说过了，要最上面、最漂亮的那层阁楼，为什么你们下面还要再建两层，浪费东西。"

看了这个小故事，你一定觉得那个地主无理取闹。人人都知道建房要一层一层，从建地基开始的，怎么可能一下子建出第三层来呢？

"不积小流，无以成江海；不积跬步，无以至千里。"凡事从小做起，从零开始，逐步进行，不要小看那些不起眼的事物。这一道理被各位成功人士演练了无数次，牛仔裤大王李维·斯特劳斯便是其中之一。

1850年，美国西部发现了大片金矿，那些怀揣发财之梦的人蠢蠢欲动，携家带口纷纷涌向通往挖金矿之路，向着梦想中的金矿进军，其景象十分壮观。21岁的斯特劳斯也经不起黄金的诱惑，随着淘金人潮一起来到了旧金山。

本来，斯特劳斯带了一大卷斜纹布想要在那里卖给制作帐篷的商人，赚点儿钱作为立足的资本，谁知到了那里才发现，人们并不需要帐篷。现实情况是，由于人们整天同泥和水打交道，裤子坏得特别快，因此他们需要结实耐穿的裤子。根据现实情况，斯特劳斯决定用自己带来的斜纹布做成裤子卖给那些淘金者。

斯特劳斯抱着试试看的念头，找到一位淘金工人，在裁缝店里用斜纹布免费为他做了一条裤子。没多久裤子做好了，这位淘金工人穿上结实的工装裤很是高兴，逢人就讲"李维氏裤子"有多好。显然这条裤子比别的裤子结实多了，而且经过这位淘金工人的宣传，"李维氏裤子"便变得神奇无比，使得人们纷纷前来询问、购买。

斯特劳斯当机立断，将剩余的斜纹布全部用来生产这种裤子，它的销售对象就是那些淘金者。不久，斯特劳斯就用自己微薄的资金开办了李维·斯特劳斯公司。

经过长时间的观察，斯特劳斯认为，斜纹布虽然结实耐磨，但它不柔软，穿在身上不是那么舒服，而且样式比较单调且臃肿不合身。

斯特劳斯了解到一种叫作"尼姆靛蓝斜纹棉布哔叽"的蓝白相间的斜纹粗棉布，于是毫不犹豫地进口这种布料作为工装裤的专用面料；样式上，斯特劳斯在裤子的口袋旁装上铜纽扣，以增强裤子口袋的强度。而且它的样式日趋漂亮，很受人们的欢迎。

此后，斯特劳斯一直大批量生产这种新款裤子，销量极好，引得其他服装商竞相模仿，但是斯特劳斯的企业一直独占鳌头，每年大约能售出100万条这样的裤子，营业额高达5000万美元。

其实，斯特劳斯能有这么辉煌的成就，就是因为他没有小看最初的一条裤子所隐藏的巨大利益。相对而言，当时淘金这一行动可谓是最直接、最显而易见的发财致富之道。如果当时斯特劳斯也是这样的想法，那么他也可能会像很多淘金工人那样，空手而归。

编者点评

  如果你是一个想创业的打工人,不要看不上所谓的路边摊、蝇头小店;如果你是一家店铺的老板,不要一上来就花光自己的积蓄去扩大店铺面积,去做所谓的"大生意"。有时候,小生意反而能赚大钱,真的做"大生意",却遭受亏损。

  那又该选择什么样的小生意,小店铺是否要扩张呢?细心观察,在你所在的城市仔细考察一番;接着缩小范围,看一看你生活的周边,是否缺什么,是否有市场,而你又有什么样的优势,相信经过一番考察,你会有自己的思考。

6

诚信是做生意最低的成本

> 古人云：人而无信，不知其可怕也。诚信是做人的基本准则，也是生意人的灵魂所在，没有诚信的商人，小则成不了大器，大则将自己的前途断送掉。

郑周永是一个白手起家变成韩国首富、世界顶尖富豪的传奇人物。郑周永不但经商有术，而且后来他弃商从政，依然成为世界瞩目的新闻人物。在郑周永弃商从政的1992年，他创立的现代集团的销售额达到510亿美元，居世界大工业公司的第13位，资产总额900亿美元，居世界工业公司自有资产额的第2位。郑周永的个人家产，据权威人士估计达65亿美元。毫无疑问，郑周永是值得人们学习的榜样，尤其对现代商人而言更是如此。

郑周永出生于一个破落的书香之家，他是家中的老大，下面还有七个弟弟妹妹。由于人口多，生活很贫困，10岁的时候，他便一面读书一面参加繁重的劳动。

1935年，不满20岁的郑周永到汉城一家米店当伙计。因为正直能干，身患重病的米店老板把店铺交给他全权管理。1947年，他创办现代土建社。在这个基础上，他于两年后将土建社扩展为现代建设公司。

1950年初，郑周永的现代建设公司已初具规模，成为一家拥有3000万韩元资产的中型企业。6月，朝鲜战争爆发，他的得力助手、二弟郑仁永劝他携款回老家避乱，但他却南逃到釜山。釜山当时是韩国政治的南迁地，因为战争，急需建房屋与军营。郑周永抓住这一机会，先后承建了300多栋军房，造价只需20多万元一栋的房子，得到的承建费用却在100万韩元以上，这让他大赚了一笔。

能拿到军营的承建权，与郑周永平时做生意讲信誉是密不可分的。然而，讲诚信有时也要付出代价。1953年，郑周永承包釜山洛东江大桥的修复工程，就亏了大本。

承包到洛东江大桥的修复工程后，韩国物价不断上涨，加上汹涌而至的洪灾提前到来，冲走了大批准备好的修桥材料，开工后一算总费用，比签约承包时的预算要增加4倍！这意味着完工后不但赚不到一分钱，还要赔上7000万至8000万韩元。

郑周永骑虎难下，怎么办？摆在他面前的有两条路：一是停止修建，宣布公司破产，以保住昔日的积蓄；二是冒着亏血本的代价硬挺下去，这样可能会把以前的积蓄全部赔光。

为了现代建设的信誉，郑周永选择了后者。对于他的这一决定，当时他的亲友和公司的一些管理人员都表示不可理解。但为了捍卫现代建设的诚信度，郑周永顶住了压力，义无反顾地干下去。他不但把自己所有的资金都赔了进去，还变卖了十几年积蓄下来的全部家当。

1955年，洛东江大桥按时修建完成，经权威机构检测，质量达到一流水平。郑周永松了一口气，摸摸自己的口袋，这时他才意识到自己已成了一个穷光蛋。

虽然郑周永变成了穷光蛋,但洛东江大桥像一幅杰作,成了郑周永无形的资产。它为郑周永赢得了社会信誉,光大了现代建设的名声,也赢得了韩国政府对他的充分信任。从20世纪60年代中期开始,现代集团进军交通制造业。1967年,现代汽车公司建成;1972年,现代造船重工业公司的蔚山造船厂和两艘26万吨级油轮的船坞同时开工,郑周永又赢得"造船大王"的美誉。

常言道"黄金有价玉无价",商人的诚信品格就像玉一样,纯度越高,品质越好便越值钱,郑周永传奇的一生便很好地证明了这一点。

编者点评

做人要诚实,商人做生意更要以诚为本。虽然有句话说"无商不奸",但是又有几个奸商能把生意经营得红红火火,维持得天长地久呢?做生意需要精明,但精明不等于欺骗。很多人认为说谎、吹牛等"非常"手段在商业上是值得一用的,甚至认为是必需的,这也是为什么夸大事实的广告充斥在各个角落的原因。有些商家掩饰自己商品的缺点,把优点说得天花乱坠,可是当他们的钱包鼓胀一点儿的时候,人格也随之降低了一分。把欺骗作为挣得财富策略的商人迟早有一天会原形毕露。

7

可以没钱没资源，但要有"野心"

《现代汉语词典》中对"野心"的解释为：对领土、权力和各种利益的巨大而非分的欲望。可见"野心"是个贬义词。而英文则有所不同，"野心"和"雄心""抱负"是同一个词 ambition。如此看来，ambition 这个词不具有贬义。其实"野心"也是"心"，是从自己的内心发出的，是属于人性本质的东西。拿破仑有一句名言："不想当将军的士兵不是好士兵。"成功的人都是有"野心"的人，因为他们有创造力，有冲劲，会为了做好事情勇往直前。

尼肯亚从小就生活在美国的贫民窟里，和母亲一起过着艰苦的生活。正因为这样的生活环境，磨炼了他坚强的意志。他在很小的时候就跟着母亲进入社会，学着养活自己。经历了种种的冷遇，他发誓一定出人头地，从此摆脱这种苦难的生活。

他对生活的"野心"在此时已经萌芽。

有一次，尼肯亚到一家大公司应聘。改变命运的时刻就在他的身上奇迹般地诞生了。

面试时，经理问："你最想在我们公司干些什么？"

尼肯亚响亮地回答："我最想做的就是早日坐上你现在坐的位子。"

他的野心并没有被扼杀在摇篮中，经理就看准了尼肯亚的野心，录取了他。进入公司后，尼肯亚大胆工作，不顾一切地向前冲，使公司的营业额一路飙升，该公司也成为这个领域的领军行业。

关于野心，英国著名作家培根曾做过一个绝妙的比喻——野心如同人体中的胆汁，是一种促人奋发行动的体液，而没有野心的武将，也就如同没有鞭策的马，是跑不快的。如果套用拿破仑那句话的格式，就是"不想做富人的穷人不是个好穷人"。

2003年，57岁的卢拉·达席尔瓦当选为巴西总统，也是一个极好的例证。卢拉出生于巴西东北部一个偏远的农村家庭，家境十分贫穷，幼年便挑起生活的重担，他当过擦鞋童，帮人洗衣、跑腿。14岁那年，他进了一家钢铁厂当上一名车工，并在那里开始了不平凡的政治生涯，立志干一番事业。不久，他便成了工会中的领军人物。1980年，他同其他一些人士共同成立了劳工党，经过20多年的艰苦奋斗，劳工党首次赢得总统选举，作为该政党创始人之一的卢拉也成为这个国家第一位工人出身的总统。一位卢拉的密友回忆说："卢拉的生活充满了贫穷、饥饿和羞辱，正是这些经历将他塑造成为一个顽强、专注的领袖。"

编者点评

人类因为有野心,才有想象力,才会有发明和创造,社会才能发展和进步。一个人有了野心才会给自己压力和动力,从而不断地前进,实现自己的目标。所以,人应该有野心,有了野心方能在这个弱肉强食,充满竞争的社会里立足。但若为了实现自己的野心而不惜钩心斗角,采用偏激、卑鄙的手段,给别人带来灾难和痛苦,那么他只能被称为野心家或阴谋家。

第二章

从穷到富第二步
你缺一个机会

> 机会是有钱人的财富命脉,机遇背后隐藏着的是巨大的财富和无限美好的"钱"景。而机会又是转瞬即逝的,聪明人会用敏锐的洞察力,及时识别它,并迅速而准确地把握它。
>
> 有钱人——机会——财富,高明的有钱人往往会发现,甚至创造更多的捕获财富的机会,更多的机遇又会为他们带来更多的财富。

1

做一个随时有准备的人

> 机会犹如梯子两边的侧木，拼搏奋斗犹如梯子中间的横木，两者兼有，才能成为攀向成功的梯子。

在很多企业中，我听到最多的一句话就是："我们的经理只是运气好，撞上了晋升的机会，要是给我这个机会的话，我一定会比他干得出色得多。"其实，这些话不过是他们的自我安慰罢了。要知道，突如其来的机会对于没有准备的人来说，有时比陷阱还可怕。

一家公司销售部的经理因为一场车祸躺在了医院，而公司马上要和一家跨国企业进行一场市场合作的谈判，各种材料都已准备就绪，日期也早已定好了，这是无法改变的。于是，公司决定让这个经理的助手承担这次谈判任务。公司的董事长还对这个助手进行了暗示：由于销售经理受伤非常严重，出院以后也无法再回原岗位工作了，如果这次谈判成功的话，销售部经理的职位就是他的了。

从天而降的机会让这个助手兴奋极了,他想,这次谈判的前期工作都已经做完了,合作方式、公司的底线都已经确定,销售部经理办公室里那张舒适的椅子终于轮到他坐了。

但是,当谈判才进行到第二天时,那家跨国公司就中止了合作意向。原来,虽然这个助手也参与了这次谈判的前期工作,但他却没有从一个谈判代表的角色上去进行必要的准备。比如:对方参加谈判的有几个人?他们是怎样的性格特点?他们有什么特殊的要求?其实,这些信息都存在销售部经理办公室的电脑里,被兴奋冲昏了头脑的他根本没有去想这些。结果,谈判从一开始就进行得不顺利。对方认为有一些事项早已沟通过了,可这位助手却一问三不知;对方都是对香烟极其厌恶的人,而这位助手却在谈判桌上吞云吐雾;对方有喝下午茶的习惯,而这位助手却没有准备……

这次谈判失败了,这位助手不但没有坐上经理的位子,而且连原来的职位也没有保住。董事长认为,一个做不好准备工作的人无法胜任任何工作,这位助手被公司辞退了。

这位助手身上所表现出的懒懒散散、马马虎虎、对任务缺乏认真准备的工作态度,在许多人的身上都能找到。

机会,绝不会轻而易举地落入谁的怀中。正所谓"天下没有免费的午餐","几分耕耘,几分收获"。机会,总是青睐有准备的人。

金融巨头安德烈·迈耶出生于巴黎一个生活艰辛的印刷推销员家庭。为了养家糊口,年仅16岁的他就离开学校,成为巴黎证券交易所的一名送信员。这年夏天,迈耶撞上了他的第一次好运。他的姐夫在巴黎的鲍尔父子银行工作,一战爆发后,姐夫应征入伍,迈耶趁机申请并获得了这个空缺职位。这不仅使他从此闯入了银行界,而且由于战争造成金融人员大量流失,使他得以自由地学习这个行业所有的东西。

1925年,法国金融界声誉很好的拉扎德银行的老板大卫·韦尔看上了安德烈·迈耶，他认为迈耶是个可造之才。这年迈耶27岁，大卫·韦尔问他，是否愿意加入拉扎德。迈耶很感兴趣，但他有一个问题：我多久才能成为合伙人？大卫·韦尔不置可否，迈耶也就婉拒了这个邀请。

一年后，大卫·韦尔重提此事，并提出要求：迈耶要经过一年的试用期。如果迈耶的表现令大卫·韦尔满意，那么一年后他就可以成为公司的合伙人；反之，迈耶就得离开拉扎德。这次迈耶立即接受了。

1927年，迈耶如愿以偿地成为拉扎德的合伙人。但是，迈耶并没有满足于这个成就，他的目标是成为一名真正的银行家，为公司出谋划策、安排交易、筹措款项，同时为银行寻找有利可图的投资机会。迈耶认为这种银行业务才是拉扎德的主要目标所在。

1928年，迈耶的运气来了。拉扎德在这年成为雪铁龙汽车公司的主要股份持有者。当时，雪铁龙公司首次向法国汽车工业引进了赊销汽车的办法，这种办法是通过雪铁龙的一家子公司——赊销汽车公司，法文简称为索瓦克来实施的。

当时雪铁龙的老板只把索瓦克当作他的汽车促销工具。而迈耶马上想到了索瓦克更多的用途，比如赊销家用器具，甚至房产，等等。他建议由拉扎德联合另外两家银行买下索瓦克，把它变成一个消费品行销公司。

雪铁龙的老板认为迈耶的建议对公司的发展非常有利。这样可以使雪铁龙不必再为开办这家相当于银行的公司提供资金，对于资金来源相当吃紧的雪铁龙来说，是备受欢迎的。

为了这一计划的顺利实施，迈耶四处活动。终于找到了理想的合作伙伴，一家是商业投资托拉斯，当时全美最大的几家消费品赊销公司之一；另一家是摩根公司，当时世界上最负盛名的私人银行。他们答应每家购买1/3的股份。

找到了合作伙伴，接下来就是寻求使用索瓦克作为其销售机构的商业客户，他几乎立刻就与著名的电器制造公司凯尔文·耐特签订了合同。这样索瓦克开始运转，它给投资者带来了持续不断的利润，即使在经济大萧条时期依然如此。时至今日，它仍财源不断，势力强大。

迈耶成功了，金融界无人不晓迈耶是一个成熟的银行家。他的成功不仅仅是他撞上了好的运气，拉扎德银行的老板大卫·韦尔看上了安德烈·迈耶，并邀他加入拉扎德。更重要的是，迈耶在机会来临前的努力，以及他的抱负、他的超常耐力。

编者点评

成功需要机会，而机会绝非唾手可得。法国著名微生物学家巴斯德曾指出："在观察的领域中，机遇只偏爱那种有准备的头脑。"机会对于有准备的人来说，是通向成功之路的催化剂；对于缺乏准备的人来说，却是一颗裹着糖衣的毒药，在你还沉浸在获得机会的兴奋之中时，它却会给你致命的一击。

2

敢尝试、要尝试，不错过任何一个可能发财的机会

> 机会是在人生原野上驰骋的烈马，把握住了它，就能在未来的开拓中留下延伸的脚印；没把握住它，那只能对着远去的机会独自品尝错过的苦涩。

世界屈指可数的建筑业巨子，美国的比达·吉威特被称为土木建筑大王。这位土木建筑大王不仅称霸于建筑业界，同时在煤矿业、畜牧业、保险业、出版业、电视公司甚至新闻界，也大展身手，获取了巨大的利润。

身为事业家的吉威特，其成功的关键就在于他那独特的经营哲学，也就是他常说的："倘若可以多赚一美元，只要有这种机会，我就绝对不放弃。"

吉威特是一位完全靠自己的力量经营的代表，这多少有点儿保守。譬如，

为了不让其他行业"赚"去公司资金借贷及业务往来上的费用，吉威特经营了自己的金融公司，来经办自己所有的子公司的资金周转及业务往来。这样经营的结果，一方面可以保证自己公司在金融上的自主性，不受制于他人；另一方面又可以趁此经营金融公司，在金融业插上一脚，的确一举两得，处处得利。再以他创办保险公司为例，凡是吉威特辖下的从业人员，其健康保险、人寿保险以及各子公司的业务保险等，无不归自己的保险公司承办。如此一来，不仅"肥水不流外人田"，而且对外营业方面亦可赚上一笔，的确是合算之举。吉威特建筑公司所使用的土木机械，同样是向下属的利斯公司租赁，并支付使用费及租金。总之，依据吉威特的经营哲学，任何钱都要自己赚，同时使公司的业务蒸蒸日上，他那家建筑公司可获得更大的利润。

一般说来，承建一项工程，利润率平均是合同额的20%，但吉威特却有办法确保30%的利润。而且，吉威特对于工程费的投标，总是比其他公司低，这也早有定论。譬如，他向美国原子能委员会所承包的俄亥俄州浓缩燃料工厂的建设工程，合同额是7.98亿美元。然而，吉威特不仅使完工日期比合同规定的时间缩短半年以上，还使工程费用比合同金额低2.6亿美元。在"即使是一美元也要赚"的经营哲学下，吉威特仍然没忘掉顾客的利益，处处以顾客为重。在这种情况下，他应该赚的钱还是赚了。

编者点评

前世界首富比尔·盖茨说:"机会与我们的事业休戚与共,她是一个美丽万分而又脾气古怪的天使。她会忽然来到你的身边,如果你稍有不慎,她又会飘然而去,不管你是如何地扼腕叹息,从此她都将一去不返。"

有志成为富人的人应该重视那万分之一的机会,因为它将给你带来意想不到的成功。有人说,这种做法是傻子行径,比买彩票中奖的希望还渺茫。但富人却不这么想,他们认为这种观点是有失偏颇的,因为彩票开奖是由别人主持,丝毫不由你主观努力,而这种万分之一的机会,却完全靠你自己的努力去完成。

3

经济下行,普通人没出路? 多注意你身边的机遇与风险

> 没有无畏的机遇,也没有无畏的风险,机遇与风险是一对双胞胎。在生意场上,要想获得更大的赚钱机遇,就要用心去冒有必要的险。

许多人在生意场上郁郁不得志,不是说项目不好,感觉自己在这行没希望,就是认为世道对他不公,没有给他做大生意赚大钱的机会。其实所有白手起家的人都是从巨大风险中获得机遇的,而机会也是均等的。只是有些人思考了,冒着风险去做,抓住了机会;而有的人思考了,但没冒风险,也就错过了机会。至于那些只想着钱而不思考如何做生意的人,机会从来就没有对他瞧过一眼。那些成功者自然是捕捉机遇、创造机遇的高手,而且他们惯

于在风险中猎获机遇！

在美国金融史上，摩根家族的名字是最响亮的，在19世纪到20世纪的100多年时间里，摩根金融王朝创造了前所未有的辉煌，而这些成就的取得与它的主要创始人J.P.摩根敢于冒险、抓住机遇是分不开的。

J.P.摩根出生于美国康涅狄格州哈特福德市的一个富商家庭。最初，摩根的祖父约瑟夫·摩根开了一家小小的咖啡馆，积累了一定资金后，又开了一家大旅馆，他既炒股票，又参与保险业。可以说，约瑟夫·摩根是靠胆识发家的。一次，纽约发生火灾，损失惨重。保险投资者惊慌失措，纷纷要求放弃自己的股份，以求不再负担火灾保险费。约瑟夫却不这么认为，他横下心买下了全部股份，然后把投保手续费大大提高。他还清了纽约火灾赔偿金后，信誉倍增，尽管他增加了投保手续费，可是投保者还是纷至沓来。这次火灾，反而使约瑟夫净赚15万美元。就是这些钱，奠定了摩根家族的基业。摩根的父亲吉诺斯·S.摩根则以开菜店起家，后来他与银行家皮鲍狄合伙，专门经营债券和股票生意。

生活在传统的商人家族，经受着特殊的家庭氛围与商业熏陶的摩根，年轻时就敢想敢做，商业冒险和投机精神也充分地显现出来了。1857年，摩根从德国哥廷根大学毕业，进入邓肯商行工作。一次，他去古巴的哈瓦那为商行采购鱼虾等海鲜归来，途经新奥尔良码头。他下船后在码头一带兜风，突然有一位陌生白人走到他面前，问他是否愿意买半价的咖啡。摩根疑惑地盯着陌生人。

陌生人马上自我介绍说："我是一艘巴西货船的船长，为一位美国商人运来一船咖啡，货到了，那位美国商人却破产了。这艘满载咖啡的货船只好在此抛锚。先生，我是看您像个生意人，您如果买下，等于帮我一个大忙，我情愿半价出售。但有一个要求，必须现金交易。"

摩根跟着巴西船长一道看了看咖啡，成色还不错。一想到价钱如此便宜，摩根便毫不犹豫地决定以邓肯商行的名义买下这船咖啡。然后，他兴致勃勃地给邓肯商行发出电报，可回电却是："不准擅用公司名义！立即撤销交易！"

摩根非常生气，无奈之下，只好求助于在伦敦的父亲。吉诺斯回电同意他用自己伦敦公司的户头偿还挪用邓肯商行的欠款。摩根大为振奋，决定放手大干一场。在巴西船长的引荐之下，他又买下了其他船上的咖啡。

摩根初出茅庐，做下如此一桩大买卖，不能说不是冒险。但老天偏偏对他情有独钟，就在他买下这批咖啡不久，巴西便出现了严寒天气，一下子使咖啡大幅度减产。这样，咖啡价格暴涨，摩根便顺风迎时地大赚了一笔。

机遇与风险是并肩而行的，摩根的成功就是不惧风险，抓住任何不可错过的赚钱机会。我们现实中很多生意人，一遇到风险便退避三舍，再好的机遇在他眼中都失去了魅力。如果面对有风险的机会你踌躇不前，瞻前顾后，如何做得了大事？做得了大生意？我们虽然不赞成赌徒式的冒险，但更不赞成谨慎保守过度的零风险。

编者点评

在此笔者要给予大家一点忠告，富人的抗风险能力要明显高于普通人，当富人拿出一大笔资金用于风险投资时，他的家里往往有更大笔的资产托底。普通人特别是已经成立家庭、生育了子女的家庭顶梁柱，切忌赌上自己的全部身家，去参与一场"豪赌"，赌赢了皆大欢喜，赌输了往往家庭支离破碎。因此，当你遇到了"千载难逢"的机遇时，一定要想好最糟糕的结果，并为这糟糕的结果预留一定的资金，这样才无后顾之忧。

4

安安稳稳打工挺好的？
主动出击，月薪3000也能快速赚钱

> 机遇是什么？机遇就是社会生活的变化，在变化中的每一个人的命运都会发生变化。抓住这种变化，就能够生存，走向成功。

卡罗·道恩斯原是一家银行的职员，但他却放弃了这份在别人看来安逸而自己觉得不能充分发挥才能的职业，来到杜兰特的公司工作。当时杜兰特开了一家汽车公司，这家汽车公司就是后来声名显赫的通用汽车公司。

工作六个月后，道恩斯想了解杜兰特对自己的工作优缺点的评价，于是他给杜兰特写了一封信。道恩斯在信中问了几个问题，最后一个问题是："我可否在更重要的职位从事更重要的工作？"杜兰特对前几个问题没有作答，只就最后一个问题做了批示："现在任命你负责监督新厂机器的安装工作，但不

保证升迁或加薪。"杜兰特将施工的图纸交到道恩斯手里，要求："你要依图施工，看你做得如何？"

道恩斯从未接受过任何这方面的训练，但他明白，这是个绝好的机会，不能轻易放弃。道恩斯没有丝毫慌乱，他认真钻研图纸，又找到相关的人员，做了缜密的分析和研究，很快他就明白了这项工作，终于提前一个星期完成了公司交给他的任务。

当道恩斯去向杜兰特汇报工作时，他突然发现紧挨着杜兰特办公室的另一间办公室的门上方写着：卡罗·道恩斯总经理。

杜兰特告诉他，他已经是公司的总经理了，而且年薪在原来的基础上在后面添个零。"给你那些图纸时，我知道你看不懂。但是我要看你如何处理。结果我发现，你是个领导人才。你敢于直接向我要求更高的薪水和职位，这是很不容易的。我尤其欣赏你这一点，因为机会总是垂青那些主动出击的人。"杜兰特对卡罗·道恩斯说。

成功永远属于那些勤于奋斗的人，而不是那些一味等待机会的人。良好的机会完全在于自己的主动出击。如果认为个人发展机会掌握在他人手中，那么他一定会失败。机会包含于每个人的勤奋中，正如未来的橡树包含在橡树的果实里一样。

京都龙衣凤裙集团公司总经理金娜娇女士，就是一个善于主动出击的人。她的公司下辖九个实力雄厚的企业，总资产已超过亿元。她的传奇人生在于她曾是一名遁入空门、卧于青灯古佛之旁、皈依释家的尼姑，进而涉足商界。

也许正是这种独特的经历，才使她能从中国传统古典中寻找到契机。又是她那种"打破砂锅"、孜孜追求的精神才使她抓住了一次又一次创业机遇。

1991年9月，金娜娇代表新街服装集团公司在上海举行了隆重的新闻发布会，在返回南昌的列车上，她获得了一条不可多得的信息。

在和同车厢乘客的闲聊中，金娜娇无意间得知清朝末年一位员外的夫人有一身衣裙，分别用白色和天蓝色真丝缝制，白色上衣绣了 100 条大小不同、形态各异的金龙，长裙上绣了 100 只色彩绚烂、展翅欲飞的凤凰，被称为"龙衣凤裙"。金娜娇听后欣喜若狂，一打听，得知员外夫人依然健在，那套龙衣凤裙仍珍藏在身边。虚心求教一番后，金娜娇得到了员外夫人的详细住址。

这个所谓的意外，"马路消息"对一般人而言，顶多不过是茶余饭后的谈资罢了，有谁会想到那件旧衣服还有多大的价值呢？重要的在于金娜娇懂行，在于她对服装的潜心研究，在于她对服装新款式的渴求，在于她能够立刻付诸行动。

金娜娇马上改变返程的主意，马不停蹄地找到那位近百岁的老夫人。作为时装专家，金娜娇看到那套色泽艳丽、精工绣制的龙衣凤裙时，她也被惊呆了。她敏锐地感觉到这种款式的服装大有潜力可掘。于是，金娜娇毫不犹豫地以 5 万元的高价买下了这套稀世罕见的衣裙。

把机遇变为现实的关键在于开发出新式服装。回到厂里，她立即选取上等丝绸面料，聘请苏绣、湘绣工人，在那套龙衣凤裙的款式上融进现代时装的风韵。功夫不负有心人，历时一年，终于设计试制成当代的龙衣凤裙。

在当年的广交会的时装展览会上，龙衣凤裙一炮打响，国内外客商潮水般涌来订货，订货额高达亿元。

编者点评

　　机会不会主动地找到你,你必须不断而又醒目地亮出你自己,吸引别人的关注,才有可能寻找到机会。但是第一步必须让人发现你,进而赏识和信赖你。因此,你必须勇于尝试,一次次地去叩响机会的大门,总有一扇会为你打开。

　　与此同时,当你获得某些业内消息时,要尽可能让自己变得敏锐,因为这里往往隐藏着商机。

5

快人一步，发家致富

> 在商海中，时间就是机遇，时间就是金钱。如果你在竞争中输了，那么你可能输在时间上；如果你在竞争中赢了，那么你也可能赢在时间上。

很久以前有一位商人，带着两袋大蒜，一路跋涉到了阿拉伯地区。那里的人从来没有见过大蒜，更想不到世界上还有味道这么好的东西，因此他们用当地最热情的方式款待了这位精明的商人，临别的时候还送给他两袋金子作为酬谢。

另一位商人听说这件事后，不禁为之心动，他想："大葱的味道不是也很好吗？"于是，他就带着满满的两袋大葱来到了那个地方。那里的人同样也没有见过大葱，他们觉得大葱的味道比大蒜更好。

当地人更加盛情款待了这个商人，在为商人送行的时候，这里的人一致认为，用金子远不能表达他们对远道而来的客人的感激之情，经过再三商讨，决定赠给这位朋友他们最喜爱的东西——大蒜。

同样的生意，因为时机不一样，结果也不一样。

如今有这样一句话："现在不是大鱼吃掉小鱼，而是快鱼吃掉慢鱼。"人们恐惧"慢"，是因为我们生活在一个"快"的时代，信息技术就像一个巨大的加速器，使社会生活的每个齿轮高速运转。

在微软，比尔·盖茨成天赶着员工们工作，对时间节点要求得非常严格。他仿佛成了只会催促"快点！快点"的魔鬼。

比尔·盖茨是这样告诫他的员工的："现在是互联网时代，不是大鱼吃小鱼，而是快鱼吃慢鱼。你比别人快，才能在竞争中赢得机会。"

在节奏快得让人发疯的现代社会中，只有跟得上节奏，立志于走在时间前面的人才能取得成功。比尔·盖茨的创业成功就证实了这一点。

在瞬息万变的今天，竞争就是时间的竞争，快就是机会，快就是效率，任何领先都是时间的领先。

商人藤田曾经经营服饰饰品的输入贸易，因此经常运送大批女用手提包给各大百货公司。在开始的时候，他总是先给公司负责手提包部门的年轻店员打一个招呼，然后再上楼恭恭敬敬地去见公司的总经理，向他诚惶诚恐地说明来意。可总经理往往不置可否地说一声："我明白你的意思了！"随即按铃叫手提包部门的那位年轻店员上来，三人一起商谈一会儿，最终才决定成交的数量。这是每到一家百货公司必经的三道手续。

藤田的一位朋友得知他的这种批发手提包的方式之后，大为不满地说："你这种经商方法，很像法官三番五次地审讯罪犯一样，实在是太浪费时间了。试想，先找负责的店员，再找总经理谈，依然没有结果，然后由经理和店员一起来跟你谈，实际上做决定的，还是那位店员。总经理何不干脆授权给这位店员，让你以后直接和他谈，不是很好吗？要知道，经商的人不可以如此浪费时间，否则将是一个很大的损失！"

编者点评

善于经营的人总是把时间看得比金钱更宝贵，他们往往能够最大限度地运用时间。他们往往在紧张的快节奏中完成一桩又一桩的生意。他们一天的生活，就像陀螺一样，总是转不停，哪怕连吃饭的时间，也不肯浪费。

日本著名企业家盛田昭夫说："我们慢，不是因为我们不快，而是因为对手更快。如果你每天落后别人半步，一年后就是一百八十三步，十年后即十万八千里。"与时间赛跑，比别人跑得更快才有赢的机会。

6

被迫停下时，别忘了从挫折中寻找机会

> 人生路上，随时都可能面临各种各样的机遇。有的机遇人们能够认识到并紧紧抓住，但有些机遇却不是那么容易为人们所认识。挫折就是一种容易被人们所忽视和放弃的机遇。

张素荣，一位身兼鞍山市年产值近4000万元的四家公司的老总；同时，她又是我国数百万下岗职工中的一员，她在创业的道路上不断演绎着传奇故事。

张素荣和1949年之后出生的第一代人有着同样的经历：上山下乡、知识青年返城、进入工厂劳动；与许多普通工人一样，20世纪90年代中期，在我国建立市场经济体制风起云涌时，在鞍山火车站工作了近17个春秋的张素荣被动员下岗了。

铁饭碗没了，这对当时的大多数人来说是件大事，是人生中最大的挫折。但张素荣并没有被这次挫折所击倒，也没有就此屈服于命运，她认为社会给你关上了一扇门，也会给你打开另一扇窗。于是，她开始积极地从这次挫折中寻找机遇。

恰好当时政府在大力推进国有企业改革的同时，大力发展第三产业，增加就业岗位，帮助和促进下岗失业人员再就业，并为下岗失业职工提供了各种就业服务和优惠政策，为像张素荣一样的离岗人员打开了另一扇"窗"。于是张素荣做起了糖酒批发生意，但由于没有经验，几个月下来，她不仅没赚到钱，反而赔进去近1万元。

1997年，不服输的张素荣东挪西凑筹集了几千块钱，搞起了建筑安装。第一个工程是为一家酒楼铺地面，一个多月没白没黑，最后赚了1万多元。这是张素荣掘出的"第一桶金"。

和很多初入商海弄潮的人不一样的是，张素荣于1988年离婚，独自拉扯一个孩子，自己又办公司，开始了"一个人的战争"。对于她来说，黄金周、节假日，甚至中秋节、春节都与她毫无关系。现在她的脑子里，只想创业成功。事事亲力亲为，顶风冒雨，张素荣一天十几个小时穿梭于建筑工地、办公室，唯独没有自己的家，直到现在也是如此。

1998年，张素荣先后成立了鞍山华夏建筑安装工程有限公司和鞍山华夏建筑装饰工程有限公司，员工达到近千人，承揽了十多个鞍山市重点工程项目，甚至把目光投向了特大型国企鞍钢。

2002年，张素荣创立了鞍山华夏巾帼社区服务有限公司，服务对象遍及鞍山市320多个社区中的280多个，为2100多名下岗女工创造了就业岗位，其中大部分是40岁至50岁最难找工作的下岗女工。

张素荣还投资200多万元，创办了有着一流设施的鞍山华夏社会福利院，每个老人每月只收400元，一年亏损约20万元。她还担任鞍山市春蕾职业高中9名学生的"代理家长"。

在张素荣心里，还有更宏伟的目标：继续做强、做大现有产业，进军食品深加工行业，接纳下岗职工达到5000人。

在每个人的一生中，挫折和失败都只是暂时的，甚至，挫折和失败给我们又提供了一次机会。暂时找不到工作或被老板炒了鱿鱼，表面上看不是好事，是挫折，但是没有工作或被炒了鱿鱼起码给了你一次重新选择的机会，而这种机会可能会造就你更大的成功。

编者点评

现如今，全世界的经济形势不容乐观。剔除个别行业，大多数人都感受到了经济下行的压力，甚至不少人找不到工作、被解雇。如果你不幸被辞退，或者即使未被辞退，但工资缩水，又或者工作难度陡然增加，该怎么办呢？我想，干副业是一个不错的选择。副业不一定要大力投资，充分结合你的长处，从做一点小小的尝试开始吧。

另外，面对工资缩水和失业，一定要摆正态度。失败是一种人生体验，敢于正视失败，敢于面对失败的考验，能以正确的态度，昂扬的斗志，迎难而上，不退缩，不消沉，不迷惑，不脆弱，才能有成功的希望。每个人活在社会中，都不可能一帆风顺，每个成功的故事里都写满了辛酸的失败的经历。每个人在与命运的抗争中，都会有过失败的经历。为什么有的人失败了能够重新站起来走向成功，因为他把失败当成人生的加油站，等自己人生的驿站里加满了油，他会加足马力冲向理想的彼岸。

7

女人的钱好挣

> "瞄准女人",赚取女人所持有的金钱,就等于赚取了男人工作所赚的钱。被赋予这种意义的商品,不仅是赚钱的商品,而且是赚钱的"第一商品"。

做生意一定要掌握一点——只要撩拨起女人的购物欲,生意就会成功。

女人和男人在花钱上有很大的区别:一般情况下,男人会花两元钱去买他所需要的东西;而女人则花一元钱去买价值两元钱但并不是她需要的东西。这个差异暗示着女人比男人能花钱,比男人会花钱。因此,在做生意的时候,让女人掏腰包,远比让男人掏腰包要容易得多。

施特劳斯创办的梅西高级百货公司就是这样一个因赚女人的钱而辉煌的公司。

施特劳斯在一家小商店当店员时注意到,顾客中女性居多,即使有男士,也是陪着女性来购物的,最后决定购买的还是女性。施特劳斯根据自己的观察和分析，认为做生意盯着女性市场前景更光明。于是当他积累了一点儿资本后，就着手经营了一家属于自己的小商店——梅西女性用品专营店。

一开始，他经营的是时装、手袋和化妆品。经过几年经营后，果然生意兴旺，利润甚丰。他继续沿着这个方向，加大力度，扩大规模，使公司的营业额迅速增长。施特劳斯总结了自己的经营经验，接着开展钻石、金银首饰等名贵商品经营。他在纽约的梅西百货公司共有六层展销铺面，其中女性用品占了四层，展卖综合商品的另外两层中也有不少商品是专为女性摆设的。

施特劳斯经过30多年的经营，把一间小商店办成为世界一流的大公司，显然与其选择的女性市场有很大关系。

当然，尽管逛商店的消费者80%是女性，但要想赚取女人的钱也并非一件容易的事，还必须要善于揣摩女人的心理，适应女人的需求和习惯，不然，你就休想赚到女人的钱。

日本商人佐藤在繁华的东京银座开了一家百货店，但开业两三年，生意一直冷清。于是，他请教了一位朋友，这位朋友只送了他四个字——盯紧女人。

回到自己的百货店，佐藤开始认真观察起顾客的特点来，真的发现了盯紧女人的必要性：女性顾客占顾客总人次的80%左右——即使是男人来逛商店，大多也是给妻子购物或者陪妻子购物。同时他发现白天来的多为家庭主妇，下午5点半以后来的多为上班丽人。

佐藤于是将营业对象锁定在了女性身上。他为女性顾客腾出了全部的营业面积；把营业时间一分为二，白天针对家庭妇女，摆设衣料、厨房用品等生活必需品，晚上则全部换上针对上班丽人的时髦用品，如精美内衣、名贵香水、超级迷你用品等，仅女性袜子就不下百种。

新招出奇效，佐藤商店的顾客越来越多，以致营业面积日显不足。在因诸多原因不能完全仿照大百货公司扩建经营的情况下，他果断决策：商店专营女性内衣及袜子。佐藤的女性内衣及袜子专营店就这样迅速开业了。

这一专业经营法虽使以往的常客锐减，但却因独具特色而名声传播四方，吸引了更多的女性前来购货。加上可供顾客选择的品种丰富，款式流行，尤其是"节省衣料"的内衣使女人更加性感，广受日本女性欢迎，另外加上专营店也有价格优势，佐藤的商店一下子销路大开。

后来，佐藤专营店的分销点达到了100多家，基本占领了全日本的女性袜子和内衣市场。盯住女人的结果是，佐藤成了日本富豪之一。

编者点评

现代都市青年女性是一个极具特色的消费群体，她们最容易接受新的消费观念，还非常乐于将其传播给他人并希望影响他人的消费；她们在理智地评价商品的可购买性时，又常常做出连自己都预想不到的非理性消费；她们除了主导一般日常消费领域的消费之外，同时还在自身及孩子教育投资、购房、购车等大宗消费领域扮演着重要的角色；她们不仅热衷于自己的穿着打扮，就连丈夫、孩子、父母的各类消费也常常由她们代劳安排。我们若能把握市场脉络，洞悉女性消费者的心理，就能从中分得一杯羹。

8

没好项目，不赚钱？
巧用就近原则，好机会就在身边

> 不要急于东寻西找发财机会，其实真正能让你发财的机会就在你的身边，在那些不怎么起眼，平时你又不大注意的事物上。

一个年轻人乘火车路过一片荒无人烟的山野，由于旅途困乏，人们一个个百无聊赖地望着窗外，不知道该干点儿什么。这时，路过一个拐弯的地方，火车减速，一座房子慢慢进入人们的视野。这本是一座普普通通的平房，可因为它出现在人们神经极度困乏无聊的时候，所以它就像兴奋剂一样，一下子给人们注入了力量，几乎所有的乘客都睁大眼睛仔细地欣赏着这道寂寞旅途中的特别风景。看着这情景，这个年轻人的心为之一动。于是，他中途下了车，找到了那座房子。主人却告诉他，因为火车每天都要从他的门前驶过，噪声实在受不了,他很想以低价卖掉房子,但很多年来一直无人问津。这个年轻人于是用3万元买下了那座平房。

这个年轻人买了房子并不是为了住,他觉得这座房子正好处在拐弯处,火车经过这里都会减速,疲惫的乘客一看到这座房子就会精神一振,这样一个地方,用来做广告是再好不过的了。很快,他开始和一些大公司联系,推荐房屋正面这道极好的"广告墙",后来可口可乐公司用18万元租金跟他签了三年合同。

机会,就在你身边,但机会在我们身边的时候,并不是打扮得花枝招展,而是普普通通的,有时甚至根本就不起眼,这就看你是不是有一双慧眼,会不会抓住它、利用它。

杨遂胜,远近闻名的"桃王",这位农民企业家,早已身价千万,而他的起家,是从一棵桃树开始的。

20世纪80年代中期,杨遂胜从中学回到家乡,当时这位农村青年与许多青年一样,也曾一度想"走出去"。他最先想过当兵,可因名额有限而放弃。后来他又想到沿海城市去闯荡,可家里既缺少劳力又有老人孩子,也没有去成。最后杨遂胜慢慢冷静下来,开始在自己家门口寻找出路。

由于家乡位于汉水之滨,土质大部分属于沙土,而且荒山荒滩居多。于是杨遂胜利用这些土质和地形,先是摸索种西瓜、花生等经济作物,但收效不明显;后又尝试种植葡萄、盖大棚栽草莓,效果仍不明显。但是通过对种植的摸索,他逐渐对林果种植产生了浓厚兴趣,并开始钻研林果栽培嫁接知识。

一次,他与他的父亲在家拉闲话,父亲说:自己家院子里的一棵桃树,是本地的一个优良品种,现在快死了,要是死了可真是让人心痛。听了父亲的话,杨遂胜想:是呀,自己院子里的那棵桃树,每年结出的果实确实很大很甜呀,现在国家支持发家致富,这种大仙桃拿到市场上去,肯定大受欢迎的，何不尝试着把这种桃子嫁接出来发展成产业呢？这让杨遂胜顿时兴奋起来。由于自己不太懂种桃技术，又不懂嫁接知识，杨遂胜迅速到书店买回了一大堆相关书籍，开始一门心思地琢磨起来。

之后，他利用从书本上学来的新知识，开始从他家那棵桃树上取枝，尝试着嫁接起来，没想到，当年还真的成活了12棵树苗，他兴奋异常，精心呵护着这些幼苗。两年后，果然结出了很大的桃子。果实一成熟，由于味美、个儿大，不等拿到市场上就被上门的商贩抢购一空。

首战告捷让杨遂胜信心大增，他一下承包了30亩荒滩，开始从这些桃树上大量取枝，进行育苗栽培，扩大种植面积。在一边培育这些优质品种的同时，他又先后找到本地和华中农业大学科研所的果树专家多次请教，对桃树再度进行改良，最终使这批桃树的果实越长越大，品质越来越好。经华中农业大学12位专家教授鉴定，一致认定杨遂胜嫁接的这些大仙桃属于湖北不可多得的中早熟优质桃品种，具有很大的市场潜力。

从此，杨遂胜更加坚定了发展水果产业的信心。他多方筹集资金，又一次性买断了附近300亩荒滩，开始大面积种植大仙桃。一通百通，在种植桃子的基础上，到20世纪90年代中后期，他又开始扩展培植优质梨产业。2000年以后，果品有限公司正式成立了。

随着生意越做越大，单靠自己种植已经远远不能满足市场的需求，杨遂胜又想到了一个两全其美的办法：反哺周围农民。在市总商会的引导下，他先成立了一个以发展果品业为主的基层商会，吸收周围农户为会员，然后免费培训这些农户，并为他们提供他培植的果树苗，发动大家都来种植他的这种桃树，然后再全部回收会员农户的果品。

这一招实际上是把会员农户间接变成了杨遂胜的果品公司的员工，让这些员工们为自己生产果品，他自己则一心一意开发市场。如此一来，不仅农户们得到了实惠，杨遂胜也从农户那里得到了巨大的经济利益，走出了一条典型的"公司+协会+农户"的道路，让560多户昔日的贫困户走上了致富路，成了名副其实的科技致富带头人。2005年5月，由于对当地农村经济的巨大贡献，杨遂胜被评为全国劳动模范，出席了全国劳模表彰大会，受到了党和国家领导人的亲切接见。

一棵桃树成就一个富翁，这不是神话。假如当初那棵桃树就长在你家的院子里，你会怎么样呢？其实，我们每个人家的院子里，都有一棵这样的"树"，只是你还没有发现罢了。

编者点评

在生活中我们常常会舍近求远，到别处去寻找机会。其实机遇往往就在你的脚边，准确地讲，是在你的眼里、手里。

机遇对企业家来讲就是商机。细心的人会发现，其实商机就在身边，我们的现实生活中商机比比皆是，关键是要有深邃、敏锐的目光及时发现商机，捕捉商机。

第三章

从穷到富第三步

用钱生钱

> 在很多人看来，金钱就是放在家里、自己的口袋里，或者存在银行里的东西。但是，在一个成功的商人看来，是金钱就要赋予它生命，用钱生钱。
>
> 没有钱很糟糕，但没有赚钱的手段更糟糕。对于赚钱来讲，一个很重要的方法就是要把无钱变有钱、把小钱变大钱，甚至把别人的钱变成自己的钱。

1 信息时代，信息就是商机

> 生活对我们每个人来说，都充斥着各种各样的信息，努力将有效信息从各种无效信息中剥离出来，你将发现一个豁然开朗的世界。

年轻时的菲利普·阿穆尔曾是"四十九人大篷车队"的成员。当时，他把自己所有的家当放在了一辆牧场大篷车上，由一匹骡子拉着，成年累月跟随车队穿梭在美国这片土地上。他工作勤勤恳恳，很受上司的赏识。他生活俭朴，把每一分收入都精打细算，将矿上定时发的所有薪水一点点积攒起来，最终积攒了一笔小小的存款。这点儿积蓄成了他以后发展的资本。

当时正值美国南北战争前夕，每一个人都知道战争无法避免。但是菲利普·阿穆尔从中发现了一个商机，如果战争爆发，美国北方各州将失去南方各州农牧产品的支持，生活必需品的价格必然暴涨，如果现在开始囤积，那么战争期间，他将发一笔大财。于是他找到一个较有钱的朋友——普兰克顿先生，把自己的计划和盘托出。普兰克顿并不十分肯定他的推测，但他觉得这笔投资并不算多,而且菲利普·阿穆尔是一个值得信赖的人,他愿意把赌注压在菲利普·阿穆尔身上。

菲利普·阿穆尔很快行动起来,他在南方收购猪肉,运到纽约之后冷藏起来。几乎没有人相信他的这笔生意可以挣钱,因为谁愿意吃这些冻得硬邦邦的东西呢?

战争果然爆发了。如菲利普·阿穆尔所料,北方的物价日渐飞涨。原来人们不屑一顾的冻肉,成了主妇们竞相追逐的紧俏食品,原本12美元一桶的猪肉,很快卖到了30美元、40美元、50美元,最后稳定在55美元左右。就连战争发生后才开始走私猪肉的投机商,都大赚了一笔,更别说早有准备的菲利普·阿穆尔了。

到了战争后期,格兰特将军发出"打到里士满去"的命令后,菲利普·阿穆尔立即意识到,一个宝贵的机会到来了。1864年的一个早晨,他匆匆敲开了合伙人普兰克顿的门,说:"我要坐下一班的火车去纽约,去把我们所有的猪肉都倾销出去。格兰特和谢尔曼的军队已经扼住了叛军的喉咙,胜利已经在眼前了。战争很快就会结束,那时猪肉会跌到12美元一桶。"普兰克顿同意了他的观点,他相信菲利普·阿穆尔的眼光。

菲利普·阿穆尔到了纽约,立即以每桶50美元的价格大量抛售猪肉,引起了疯狂的抢购。精明的投机商们对这个西部年轻人的疯狂举动大加耻笑,好心的人劝告阿穆尔说,猪肉价格会涨到60美元一桶,因为战争还远远没有接近尾声。菲利普·阿穆尔不理会这些人,照旧抛售猪肉。

果然,格兰特带领军队一路穷追猛打,而南方的叛军则节节败退。里士满很快就被攻陷了。结果,纽约的猪肉价格狂跌,变成了12美元一桶。大批的投机商慌了手脚,但是他们对于局势无能为力。只有菲利普·阿穆尔带着净赚的200万美元,取得了最终的胜利。

编者点评

如今可以说是信息爆炸的时代，当我们沉浸在各类短视频中打发时间时，不妨抽出一点时间多看看各类新闻短讯。各类权威媒体都在各个短视频平台开通了账号，这类媒体可以成为我们日常关注的重点之一。另外，这是一个人人都是自媒体的时代，有时普通用户也能给我们带来非常有用的信息。所以，当你今后再浏览短视频平台想要放松时，不妨带着搜集信息的心态，这样你将看到不一样的世界。

2

没有启动资金，那就借他人的钱来赚钱

> 借他人的钱财发财，无中生有，这才是真正的经营高手。

1991年，武术教练陈志圣在杭州干着100元月薪的工作，回温州老家盖间瓦房还欠下不少债务。在武汉做生意的徒弟们请他去玩，他到了武汉一看，徒弟们有的月入三五千，有的上万元，抵他上几年班，他当即就留下不走了。

他从老家贷款1万元，在朋友们的帮助下，在商场门口卖金项链，很快就赚了几千元。这时，很多老乡都进入商场卖百货，如剃须刀、电池、计算器等，生意不错，陈志圣也动了心。

1992年，他以2万元本钱进驻汉口商业大楼。当时的陈志圣还不懂促销，由于本钱少，只能勤进快销。尽管送货越来越多，但他仍然坚持肩挑背扛。

到一个月能赚 1 万元的时候，也不舍得打出租车，在公交车上挤上挤下，为省 5 分钱，他宁愿多走一站路。

陈志圣在汉口商业大楼的生意本钱只有 2 万元，但一个月能卖 3 万元。有一个月周转资金差 1 万元，他十分为难，后来找两个人各借 5000 元，才保证了正常周转。这家商场旺盛的销售量让他看到做百货的优点：毛利高，无季节性，不会积压，生意风险很小。他决定乘机扩大生意。

进入洪山商场需要 5 万元，而他手上只有 3 万余元钱。他想办法说通供货商赊货 1 万元，再找老乡借了 1 万元，顺利进驻。一个月过去，这两家商场共赚 3 万元。他又找人借 2 万元，进驻第三家商场。第一个月的利润用于还款，第二个月赚 3 万元，再去借 2 万元，进驻第四家商场。

1992 年到 1993 年，陈志圣一口气进驻了大小商场共 10 个。第二年，他以同样的手段，进行产品多元化，涉足业务由小百货扩展到服装、小家电、皮包等。到 1997 年，他进驻了 20 多个商场，这时，他一年在各商场的总销售达到 5000 万元。陈志圣坦言，生意高速运转，在很大程度上得益于借债，而能顺利借到钱的关键在于信誉。

1998 年开始，百货店受到超市业猛烈冲击，中小店面关门之声不绝于耳。陈志圣陆续关闭了全部百货店的生意。他的目光转向了时尚休闲服装代理。他曾在温州结识了森马公司的老总。恰好森马此时欲拓展湖北市场，陈志圣经考察后，认为其很有发展潜力，而且当时休闲品牌很少，仅真维斯、佐丹奴等几家，市场竞争不大。"放开眼光，看准项目，就大胆做"，他接下了森马湖北代理权，全力拓展。

1998 年，武汉第一家森马专卖店在司门口开业。陈志圣打算占据的，都是江汉路、中南、亚贸等闹市区最繁华的地带，租金很贵，当时开一家专卖店的费用就需百万元。他又用同样的方法，一方面取得了厂方货源上的支持，可先付少量资金获得大量货物，另一方面找亲朋好友借钱。就这样，在一年内，陈志圣的森马马不停蹄，一口气开了十家店。

编者点评

在我们惯常的思维中，只有拥有了雄厚的资本，才能有所作为。而善于经营者，却能在法律允许的前提下，借钱赚钱，空手套白狼。那又该如何判断我们是否适合借钱赚钱这个手段呢？很简单，你是一个有信誉的人吗？极端艰难的处境下也能按时还钱吗？如果你的回答是"是"，那么这条路便走得通。

另外我们又该向外界借多少钱呢？当陈志圣能月赚几千元时，他向外界借款1万元；当他一个月销售额达到3万元，月利润能达到1万元时，他依旧借款1万元。因此，我们借款数额不宜过多，控制在我们月薪的2～3倍以内最佳，这样能确保我们的偿还能力，也能有效减轻心理压力。

3

打开知名度最好的方法——让有名的人替你说话

> 把明星变成自己的贵人。历史上有较大作为的人，大多需要贵人相助。而在现代商品社会中，找一个明星作为你事业上的贵人，也不失为一条不错的生财之道。

阿迪达斯的品牌创始人是阿道夫·达斯勒，不但是个制鞋匠，还是一位业余田径运动员。他从1926年开始经商，当时他家里开了一家制造专用轻质跑鞋和足球鞋的工厂。1948年，由于达斯勒兄弟产生家庭矛盾，达斯勒公司一分为二。其中一家叫彪马的公司归阿道夫·达斯勒的兄弟，另一家就是现在的阿迪达斯。

多年前，达斯勒兄弟俩在母亲的洗衣房里开始了制鞋业，他们边制边卖，销路很好。兄弟俩重视质量，不断地在款式上创新，没几年时间就扩展成一家中型制鞋厂。

1936年的奥运会来临之前，达斯勒兄弟发明了短跑运动员用的钉子鞋。为了让自己的这一创新能更快更好地打入市场，他派人打探参赛运动员的情况，当得知短跑名将欧文斯很有希望夺冠的消息后，便无偿地将钉子鞋送给欧文斯试穿。后来欧文斯不负众望，果然在比赛中获得四枚金牌。而欧文斯穿的钉子鞋也一举成名，阿迪鞋厂的新产品在很短的时间内成了国内外的畅销货，阿迪鞋厂也就变成了阿迪公司。用体育明星来宣传品牌的办法太妙了。此后，老阿迪屡屡使用这种手法。1954年，世界杯足球赛在瑞士举行，不巧，比赛前下了一场雨，赛场上满是泥泞，匈牙利队员在场上踉踉跄跄，穿着阿迪达斯运动鞋的联邦德国队却健步如飞，并第一次获得了世界杯冠军。从此，阿迪达斯名扬海内外。

在达斯勒家族中，阿道夫·达斯勒的长子霍斯特·达斯勒具有非凡的营销天赋，他开创性地为阿迪达斯品牌建立了"金字塔"形推广模式，率先将品牌在视觉上与运动员、运动队、大型比赛以及相关体育活动联系起来。在他的倡导下，阿迪达斯成为第一个向优秀运动员免费赠送运动鞋的公司，第一家与运动队签订长期提供球鞋、球袜合同的公司，这使人们在许多世界级的比赛中看到优秀运动员们脚上穿着阿迪达斯新推出的产品。最值得追溯的是1956年的墨尔本奥运会，当时阿迪达斯导入附属品牌——墨尔本，推出了改进型的多钉扣运动鞋。在那年，穿阿迪达斯运动鞋的选手打破了33项纪录，共获得72枚金牌。

运动员在大赛中穿着阿迪达斯运动鞋跑步、踢球，做活广告，比花钱做任何电视广告都有效果。这种借名人名气，为自己照亮"钱"程的方法不是很妙吗？

我们都知道，名人的衣着款式是很多人追求的对象。名人生活中的穿着，名人主演的电视、电影中的服饰、用品，都很可能成为火爆的销售对象。那么商人利用名人来为其设计产品，其市场潜力可想而知。

英国的一些服装公司就曾"请"黛安娜王妃做企业的免费服装设计师，从而设计畅销的"王妃"服，并赚取了巨额利润。

黛安娜出生于英国的上层社会，1981年嫁给女王伊丽莎白二世之子、王位继承人威尔士亲王查尔斯（今英国国王）。在此后的16年里，黛安娜极少与新闻绝缘。她的照片出现在无数杂志里，她为慈善组织和其他公益事业所做的工作被详细地报道。她成了世界上著名的女性之一，很多人也认为她是一位美丽的女性。黛安娜的性格感性而坦率，因而受到那些希望王室应该更顺应时代潮流的人民的喜爱。

黛安娜曾穿过一种胸前织有一只可爱小山羊的羊毛衣。有家服装公司就立即投入生产，产品上市后，马上风靡一时，销售总额达到100多万美元。这家服装公司就这样按照黛安娜的穿搭风格，先后生产出大批模仿黛安娜所穿服饰的服装、手袋包、鞋子等。而且他们的产品在市场上供不应求，创造出不可估量的利润。

有英国商人这样说道："黛安娜王妃在公开场合的露面，无异于'时装表演'和'新潮服装展示'。这种'表演'形成的广告效果，就连英国最大、最著名的广告公司也望尘莫及。"

编者点评

关于借用名人的名气来打响商品的品牌，这类事例确实有很多，现在大大小小的广告都请明星、名人去做广告。大到住房、汽车，小到入口的食物，各行各业，各种产品都能见到知名人物的代言广告。

但是我们请不起名人的时候，该怎么办呢？那就让利让大众为我们宣传。生活中，不少商家提出免费试吃、晒图返红包，便是出于这样的原因。怎么样，你学会了吗？

4

如何遇到自己的贵人

> 贵人既为贵人，必有其骄傲之处，要得到贵人的帮助，必要时得放下自己的身段和面子，用诚意来打动他。

大卫·史华兹出身贫寒，15岁就被迫辍学，自谋生路。但他有很强的进取心，小小年纪就立志要做一个大企业家，而且不露声色地逐步执行着自己心中的计划。

18岁那年，史华兹进入斯特拉根服装公司做业务员。这是一家著名的时装公司，史华兹在这里工作，学到了很多东西，为他后来的事业打下了良好的基础。

在斯特拉根时装公司干了一年后，史华兹决定创办一家服装公司，开拓自己的事业。

史华兹和一个朋友合伙，用7500美元开办起一家小小的服装公司。公司虽小，但它是属于自己的，这对于史华兹来说，无疑是非常重要的开端。

史华兹将全部精力都投入了这家名叫约兰奴真的服装公司,在他的出色经营下,公司发展得很快,生意相当不错。不久后,史华兹又不满足了,他认为,老是做与别人一样的衣服是没有出路的,必须有一个优秀的设计师,能设计出别人没有的新产品,才能在服装业中出人头地。

然而,这样的设计师到哪儿去找呢?

一天,他外出办事,发现一位少妇身上的蓝色时装十分新颖别致,竟不知不觉地紧跟在她后面。少妇以为他心怀不轨,便转身大声骂他耍流氓。史华兹这才醒悟,觉得自己实在是太唐突了,连忙向少妇道歉和解释。少妇心中疑团解开,转怒为笑,并告诉史华兹这套衣服是她丈夫杜敏夫设计的。于是,史华兹心里就有了聘请杜敏夫的念头。

经过一番调查得知,杜敏夫果然是位很有才能的人,他精于设计,曾在三家服装公司干过。他最近一次离开服装公司的原因非常简单:当他提出一个很好的设计方案时,不懂设计的店主不仅不予嘉许,反而横挑鼻子竖挑眼,蛮不讲理地训斥了他一顿,自尊心极强的杜敏夫受不了这份窝囊气,干脆一走了之。

史华兹从小就自谋生计,饱受冷嘲热讽,对杜敏夫的遭遇很是同情,当即决定聘用他。

然而,当史华兹登门拜访时,杜敏夫却闭门不见,令史华兹十分难堪。但史华兹知道,一般有才华的人难免会有些傲气,只有用诚心才能打动他。所以他并不气馁,接二连三地走访杜敏夫的家。史华兹这种求贤若渴的态度,终于使杜敏夫为之动容,接受了他的聘请。

杜敏夫果然身手不凡,他建议采用当时最新的衣料——人造丝来制作服装,并且设计出了好几种颇受欢迎的款式。

史华兹是第一个采用人造丝来做衣料的人。由于造价低,而且先别人一步,抢尽风头,约兰奴真服装公司的业务蒸蒸日上,在不到10年的时间里,就成为服装行业中的"大哥大"。

不用说,杜敏夫就是史华兹的贵人,如果没有他的帮忙,史华兹公司的发展就要大打折扣。当然,史华兹也是善于同贵人搞好关系的,他面对拒绝毫不气馁,敢于放下面子,抛掉老板的身份几次三番地请求接见。

编者点评

一个人想取得成功就一定要明白:个人的能力是有限的,无论是智力还是体力都有局限性。俗话说:"就算浑身是铁,又能打几颗钉?"如果只凭自己的能力,会做的事很少;如果懂得借助贵人的力量,就可以无所不能。凭自己的能力赚钱固然是真本事,但是,能借他人的力量赚钱,却是一门更高超的艺术。

想遇到自己的贵人不光需要真诚,还需要我们本身有一定的实力,当你具备这两点时,认真观察你周围的人,便将发现你的贵人。

5

你身边的人，决定你的人生走向

> 常言道："三个臭皮匠，顶个诸葛亮。"一个人的智慧和能量总是有限的，如果能够集思广益，兼取各家之长，让彼此成为事业中的贵人，从而形成一股强大的力量，一起走向成功。

20世纪80年代，李宁是当时中国最著名的体育运动员。在1982年第六届体操世界杯赛上，这位年方19岁、出生于广西柳州的中国小伙儿一人独得男子体操全部七枚金牌中的六枚，创造了世界体操史上的神话，被誉为体操王子。1984年，在第23届洛杉矶奥运会上，李宁共获三金两银一铜，接近中国奥运代表团奖牌总数的1/5，成为该届奥运会中获奖牌最多的运动员。1986年，他获第七届世界杯体操赛男子个人全能、自由体操、鞍马三项冠军……在李宁18年的运动员生涯中，共获得国内外重大体操比赛金牌106枚。

李经纬与李宁相识，是在给他们两人都带来好运气的洛杉矶奥运会上。李经纬性情豪爽、精于谋略，李宁则个性纯朴、心思灵敏，因为志趣相投，这对年龄相差 24 岁的男人很快成了忘年交。

在 1988 年汉城举办的奥运会上，李宁突然从偶像之巅上跌落。在关键的吊环比赛中，他意外失手摔了下来，与金牌擦肩而过。这成为中国奥运代表团参赛过程中最让人失望的事件。从汉城回到北京，失掉金牌的李宁不再是媒体簇拥和追逐的对象。他黯然神伤，孤单地从机场的一条偏僻通道悄悄出关……这时前来迎接他的只有李经纬，李宁含着眼泪接过李经纬手中的鲜花。

尝尽世态炎凉的李宁宣布退役。1988 年 12 月 16 日，在健力宝的赞助下，李宁在深圳体育馆举行了盛大的告别晚会。晚会高潮处，李经纬上台送给他一副纯金的护手，两人相对而拥，泪流满面。当时的李宁面对多条出路：广西省体委邀请他担任广西省体委副主任，多个国家的体操队聘请他为国家队教练，甚至演艺界也邀请李宁加盟，李宁自己则想在深圳创办一所体操学校。李经纬对他说，搞体育不能光靠别人赞助，为什么不自己做一家体育用品企业。

加盟健力宝几个月后，李宁向李经纬提出，想办一家体育服装厂。在创办资金上，此时已财大气粗的健力宝本可以以投资者身份出现，然而李经纬却十分委婉地建议："如果能够引入外来资金，就不要全部用健力宝的钱。"他陪着李宁外出游说，寻找投资。或许因为健力宝和体操王子的双重名人效应，一家新加坡公司很快同意出资。就这样，1990 年，由三方共同投资的中新（加坡）合资健力宝运动服装公司挂牌成立，其中健力宝出资 1600 万元，由李宁出任总经理，其服装品牌则被命名为"李宁牌"。

李宁对李经纬的传奇创业经历早已耳熟能详。因此，他的第一次市场出击也一举成功。当时，第 11 届亚运会即将在北京举行，李宁以 250 万元拿下亚运会火炬接力传递活动的承办权。整个亚运圣火的传递过程，有两亿人直接参与，25 亿中外观众从新闻媒体知道了健力宝和李宁牌。1990 年 8 月，在世界屋脊青藏高原，李宁作为运动员代表，身穿雪白的李宁牌运动服，从藏族姑娘达娃央宗手里接过了亚运圣火火种。从这一刻开始，李宁牌真正诞生了。

编者点评

当你拥有一个好项目，但资金不足时，要巧妙游说周边有资金的人，和几个人结为同道中人，集众人的智慧与财力，使自己的事业变得更大，从而更具竞争力。

6

巧借"白嫖"心理，吃小亏，赚大钱

> 创业者从商的目的，无非是为了追求利益，但如果直接以战争手段去抢夺，那么你"失去的东西，永远比得到的更多"。

洗衣机市场竞争非常激烈，威力洗衣机公司为了提高产品质量，征求顾客对产品质量的意见，了解消费者的需求是非常重要的。

一开始，厂长大张旗鼓地在天津、福州举办了四次"优质服务周"，想通过上门为顾客维修洗衣机，来了解质量问题。可是用户大都嫌麻烦，要求维修的人少，所以这一招并未获得质量方面的信息。

几个星期过去了，厂长终于想出了一个新招。他花了4万多元钱，特意请了广州歌舞团到北京为用户演出，凡买了威力洗衣机的家庭都可以到北京四大商场免费领取两张观看演出的票，条件是填写一张《质量跟踪用户档案》，这一招果然奏效。前往登记的用户有好几千人。就这样，他们收取到非常丰富的用户信息。为改进威力洗衣机质量，提高产品在顾客中的信誉，做了一次很好的宣传。这次活动所获得的信息和声誉，更是"万金"难买。这就是先赔后赚的"利天下者，方能利己"的经营思想。

迪士尼帝国的缔造者华特·迪士尼的经商智慧就是：多让对方占点儿便宜，对自己的事业也会有很大的帮助。

1960年，华特刚创办迪士尼乐园，虽然在动画制作上面有很大的成就，但是该技术运用到生产上却需要相当大的资本。他打算在乐园中建造一座能显示自己特色的建筑——总统之厅，把美国历史上历任总统塑成真人大小的塑像，而且这些塑像还要做出各种独具特色的动作，并像真人一样说话，集声音、动作和电子技术为一体，被称为"声动电子塑像"。这种技术难度很大，毕竟设计制造会做动作的假人比设计会做动作的动物困难得多。但相对于攻克技术难关来说，庞大的资金需求更加不可逾越。这项技术的研发费用之高，仅凭迪士尼公司的实力根本无法承受。

当时，纽约要举行一次大型的博览会，各大公司都会建造展览场所，用来展示自己的产品。于是，华特利用这次博览会，对与会的许多大企业家进行游说，福特公司、通用电气公司和百事可乐公司都愿意提供资金给迪士尼。这些公司最初的目的只不过是在展览会上亮亮相，如果能在迪士尼乐园继续展出5~10年那当然就更好了。迪士尼就是以此为饵说服众多公司的。表面看起来似乎是他们得了便宜，殊不知，却使得华特得以使用别人的钱来设计自己构想出来的新奇事物。

华特替福特公司设计的是"神奇天道"。当然，通过天道的必须是福特汽车。汽车载着游客经过天道时，一群声动电子塑像向人们展示着人类从原始进步到现代的情形。

华特为通用电气公司设计了一个戏院，美其名曰"进步世界"。舞台上展示着美国家庭和电器的进步。这个时候，就突出了通用电气公司的产品特点，而迪士尼的特点则是通过另一方面显现出来的——舞台不动，由戏院的椅子带着人们转动着，真可谓是心思细腻，别出心裁。这样只让观众们看到展示品最好的一面，而且还会觉得轻松自如。

华特为各家公司设计的展览都别具匠心，得到了广大观众喜欢，合作双方都非常满意。根据合约，展览结束后，通用电气公司和福特公司各付100万美元的技术费用。这个时候，华特提出：迪士尼可以继续为他们提供展览的场所。如果愿意，可以把这100万美元当作搬运费。这个方案一经提出，立即得到了两家公司的赞同：把展览搬到迪士尼，不就等于扩大自己公司产品的影响吗？而且不用交场地费，何乐而不为呢？

在迪士尼乐园里，本就有引人入胜之处，现在又多了两个亮点：神奇天道、进步世界，更是大大地吸引了广大游客。

表面看来，华特让通用电气公司和福特汽车公司占尽了便宜。其实不然，仔细地想一下就会发现：华特提出为两家公司制作展览的一切设备，原料当然都是他们支付，而华特只是在技术上发挥长处，华特想尽办法在展示两家公司产品优点的基础上，将自己的构想完美地表现出来。最后，华特提出让两家公司的展览品转移到迪士尼乐园，而不收技术费用和场地费用。这样一来，两家公司认为自己的商品能够继续免费得以展示，未尝不是件好事。而对于迪士尼来说，这一举动的意义就很深远了。乐园里面多了两个亮点，而且是用别人的钱开发的，以后通过它们可以获得的利益更是无限。

编者点评

如果你是一位小老板，不妨学习一下让利，让顾客感到实惠，这样他们才会变成回头客。古人云"吃亏是福"，看来这是经过古今检验的真理。有时候，吃的亏是明显的、表面的，但占的便宜却是无形的、长远的。

世界上没有白吃的亏，有付出必然有回报，生活中有太多这样的事情，如果过于斤斤计较，往往得不到他人的支持。只有放开肚量，从长远的角度思考问题，那么吃亏实际上就是一种商业投入，吃亏就是福。

7

专业的人做专业的事
——让他人为自己赚钱

> 管钱说到底就是管人，只要把人管好，自己的钱就会越来越多，不会越来越少。寻找能为自己挣钱的人，一旦看准之后，就大胆重用某一个人或某一些人，争取让这个人或这些人成为挣钱高手！

邱文钦是个文盲，可他却懂得"他山之石，可以攻玉"的道理。没有文化，可他却选准了一条带有文化色彩的创业之路，利用有文化的人为自己赚钱。正因为这样，这个农村的小木匠，构筑出了中国最大的文具连锁店——都都文具连锁店，而他也成了让人羡慕的亿万富翁！

邱文钦的童年是不幸的。8岁时，父母亲就相继离开了人世，他与仅比他大两岁的哥哥相依为命。那会儿，别说上学，就连填饱肚子都成问题。每每看到别人家的孩子背上书包上学时，邱文钦就会忍不住投去羡慕的目光，他不停地想，等以后自己有了钱，一定要背起书包上学堂。但这个童年的梦想始终未能实现，成了他心中最遥远的梦。

1988年，学得了一手漂亮的木工活的邱文钦离家来到了深圳。当时的深圳正在建设之初，初来乍到，要在深圳找个工作是非常困难的。兄弟俩在街头浪迹多日，费尽周折才找到了一个搞装修的老乡。老乡见他兄弟二人忠厚老实又能吃苦，就收留他们在工地做工。

在老乡手下，邱文钦兄弟俩干得最认真。不管刮风下雨，不管工地远近，他俩都随叫随到，再苦再累也毫无怨言。第一个月，兄弟俩各领了330元工资。兄弟俩长这么大还是第一次挣这么多钱。晚上住在四壁透风的工棚里，邱文钦把揣在怀中的钱拿出来摸了又摸，辛酸和欣慰，感慨与激动交织着一起涌上心头。

到了1989年年底，兄弟俩好不容易才攒到了4000多元钱。邱文钦心想：自己一味地给别人打小工，可能一辈子也实现不了自己的梦想。经过一番深思熟虑，他决定跳出来单独创业。他在黄贝岭租了间铁皮房，尝试承揽一些简单的家庭装修业务。由于没有本钱，他只好从别的包工头手中转包一些木工活。这样，他既不承担什么风险，也能从中得到一笔相对较高的收入。

由于他木工手艺好，加之做事认真负责，因此在装修这个行当中，他口碑好，人缘好，每个月总能保证一定的业务量。

邱文钦一边承揽装修工程，一边四处寻找别的赚钱门路。1991年冬天，机遇终于来了。这一年，深圳市东园路一家名片店因生意不景气，欲将店铺转让出去，转让费只要三四千元。经过初步的市场调查，邱文钦大胆地将这家名片店承包了下来。

但由于名片店里机器设备老化，每天最多也只能印制二三十盒名片，除去成本、房租和员工开支外，所剩无几。他想更换设备来提高工作效率，但更换一台新的名片印刷机器,差不多要上万元,而邱文钦一下子拿不出这么多钱,他不禁犯了愁。

一次,一位文具店的业务员来向他推销名片纸,随身的挎包里还插着一大包钢笔、圆珠笔及其他文具。邱文钦看到这些东西眼前一亮。他想:自己可以一边印名片,一边卖文具,这样两不耽误。再说在名片店里卖文具也挺合适的。说干就干,他利用自己的木工手艺,在名片店的内墙一侧,做了个精致的文具售货架,再装上透明玻璃,一个漂亮的售货架立马就有了。开始的时候,邱文钦只是在这位业务员手中购进一些文具,零星搭配着卖。谁知道月底一结账,他竟然发觉,自己零零星星卖文具赚的钱,居然超过了几个人辛辛苦苦做名片的收入!

邱文钦不由一惊。他马上意识到文具这个小行当里蕴藏着巨大的利润。但是让一个文盲去卖带有文化色彩的文具用品,能行吗?邱文钦开始心里也直打鼓,可他后来转念一想:世上无难事,只怕有心人。只要自己认准了,就一定要义无反顾地走下去。再说自己虽然没有文化,但可以请一些有文化的人来给自己出谋划策,以人之长,补己之短,相信可以克服自身的不足。

1991年正是深圳飞速发展的黄金时期,各种各样的公司、写字楼一家接一家地开。文化办公用品的需求量很大,文具市场前景十分广阔。这些邱文钦都看在眼里,也更坚定了他挑战自我的决心。

1992年年初,他将手中仅有的7000元钱全部拿出来,批发了一些新潮、适用的文具用品。此时,制作名片已变成了他的副业,他把精力主要用在卖文具上了。不到一个月,邱文钦所进的文具被抢购一空,赚的钱也是以前的好几倍。邱文钦暗暗庆幸自己选对了路子。于是,他开始周而复始地进货、销货,慢慢地熟悉、了解了文具这个行业,店里的货也越进越齐全了。到了第四个月,手中已有了两万多元存款的邱文钦为了扩大经营规模,又将名片店隔壁的一间10多平方米的发廊租了下来,装修一新后,作为文化用品专卖店。

路是靠人走出来的，在商海里打拼了几年的邱文钦，终于找到了一条逐渐宽广的路。

随着资金积累逐渐增多，进货渠道也越来越广，邱文钦的事业有了大的飞跃。他取得了韩国、日本等七八家国外文化用品公司的代理权，在深圳有好几个稳定的大企业用户。他的业务量飞速上升，几个老乡无不羡慕地说：小邱在商海里捞到了一根"金稻草"！

"不管大步小步，都要领先一步"，这是邱文钦的经商之道。1990年，超市经营最先由香港百佳引入深圳。超市的自选特点给了消费者较多的自由选购空间，吸引了越来越多的顾客。而当时我国文具行业也正面临着大好商机。其一，文具行业刚从百货零售领域剥离出来，大有潜力。其二，特许经营、加盟连锁在中国得到了迅速的发展，同时随着文化教育的不断发展，必然令文具市场呈现出强劲的消费势头。邱文钦敏锐地捕捉到了这个商机。1993年~1994年，他一鼓作气开了四家连锁分店。1995年，他正式注册成立都都文化用品有限公司。从1993年~1995年三年间，都都文具的超市连锁经营方式完全得到了市场的认可。都都专业文具小超市在深圳成了一道亮丽的风景线。

都都文化用品有限公司成立后，只有25岁的邱文钦为了使企业有更长远的发展，就开始在管理上下功夫，并制定出一套先进、科学的管理方法。

邱文钦知道自己没有文化，但他明白人才是一个企业的灵魂。在公司成立之初，邱文钦就开始聘用总经理，公司实行总经理负责制，从而杜绝了家族式企业中的种种矛盾。此举在当时的深圳民营企业中还是很少见的。在用人机制上他也实行"能者上，庸者下"的策略，哪怕是家乡的亲戚求职，如果没有能力，也只能做清洁工。都都为适应企业的可持续性发展战略，于2000年初与黑龙江财贸学校签订了人才培养协议，在该校专门开设"都都班"。

邱文钦这个没上过一天学的农家子弟，却受聘兼任该校的名誉校长。几年后，都都又与分布在全国的另外三所商业学校签订了人才共同培养协议，为都都培养后备人才，为以后在全国的拓展做好人才储备。

编者点评

如果你想和朋友一起做副业，一定要各有所长，这样大家充分发挥自己的长处，才能让副业越做越好。如果你和朋友仅仅有些闲钱，但是双方都没有特别的优势和能力，那么你们的副业大计就要另做打算了，不然很有可能竹篮打水一场空。所以，在开展副业之前，你就要做到对每个人的特点、能力，甚至性格，都了如指掌。

再小的合伙事业也是一个小分队，是由各色各样的人组成，每个人都有自己的看家本领。这样才能使内在的潜力得到充分的发挥。

第四章

从穷到富第四步

投资赢钱

> 放在自家保险柜里的钱,只能吸引它的所有者毫无价值的注意力,正如萤火虫发出的光只能把自己暴露给捕捉者。对于有头脑的人来说,金钱只有在不断的流动中才能体现其价值,也才能创造更多的金钱。创造财富要学会不断投资,才能像滚雪球一样,越滚越大。

1

怎样降低风险
——鸡蛋要放在不同的篮子里

> 投资对于众多的商人来说,绝对是一个必不可少的赚钱手段。如果你留意观察,就会发现,现在的有钱人很少把钱全部存入银行吃利息。这正是因为他们相信,投资才是最好的储蓄。

《伊索寓言》里有这样一个故事,说的是某人把金子埋在花园的树下面,每周挖出来陶醉一番。然而有一天,他的金子被一个贼偷走了,此人痛不欲生。邻居来看他,当他们了解了事情的经过后,问他:"你从没花过这些钱吗?""没有!我每次只是看看而已。"邻居笑了笑,对他说:"这些钱有和没有,对你来说都一样。"这个寓言告诉人们一个道理:财富闲置等于无。可见,没有理财观念,过度储蓄与过度消费一样遭人耻笑。

沃伦·巴菲特是当今世界富豪之一，他的赚钱秘诀很简单，就是将钱投在股票里。童年的他和美国其他小孩相似，都是从卖报开始做起。但是，他比别人更早地了解到金钱的未来价值。所以，巴菲特紧守着来之不易的每一分钱。但他看到商店里卖的400美元的电视机时，他看到的不是眼前的400美元的价格，而是20年后400美元的价值。因此，他宁愿投资，也不愿意拿来买电视机。这样的想法使他不会将钱随意花费在购买不必要的物品上。

或许有人会说，我就那么一点儿钱，怎么投资啊？事实上，当你需要让钱赚钱的时候，不需费一丝一毫的心力，它会帮你把更多的钱放入你的口袋。

鲍勃一生的经历可谓是家庭投资与理财的典范。鲍勃是波音公司的一名工程师，他从26岁时开始将每月薪水中的20%投于共同基金，这类基金虽然风险大一些，但年收益高，自1934年以来，该类基金的平均年收益约为13%。到35岁的时候他与别人合资办了一个连锁店，收益亦相当可观。到了40多岁时，他开始求稳，将投资于共同基金的钱取出来，投资于一种非管理型股本指数基金，年收益率为10%左右，鲍勃仅将自己10%的积蓄用于银行储蓄，因为美国银行的利率长期稳定在3%～6%，远低于其他投资手段。之后他又将收入的20%用于退休金准备。就这样，加上他过去投资赚的钱，可想而知鲍勃的退休生活有多舒适。

编者点评

这个世界上或许没有比投资更好的赚钱手段了，攒钱的目的是留住钱，而好的投资不仅可以留住钱，还可以赚来更多的钱。

但需要注意的是，目前投资环境不容乐观，无论是基金还是股票，都无法带来可观的收益，甚至会让你的积蓄大大缩水，储蓄是当前较为稳妥的投资方式。

除了以上理财手段，我们生活中的方方面面都可以投资。孩子的教育是投资，自我学习是投资，小而美的副业是投资，运动锻炼依旧是投资。这些投资相较于上文中的理财手段，更长远也更安全。所以与其把"鸡蛋"都放在充满风险的理财领域，不妨将金钱和精力多多投入到其他方面，这样你的钱包才会更安全，人生也会更圆满。

2 凡事不要只看眼前，目光一定放长远

> 猎人捕猎需要耐心，见不到猎物不撒鹰，以免打草惊蛇。赚钱也是一样，聪明人决不会盲目投钱，他们在投资前一定会认真考察市场，一旦看准了之后就会立即把钱投出去。

里治曼这个名字在美国和加拿大是家喻户晓的，因为这个家族在加拿大和美国有许多地产，同时还在加拿大开发石油。这个家族的名字在这两个国家的各个城市都很显赫，人们一见到这个名字的招牌或广告，自然联想到这里又是"里治曼王国"的地盘。

里治曼兄弟的祖父大卫·里治曼从事学术研究，他知道本行是发不了财的，所以他教育儿子不要再步他的后尘。

森姆是个孝顺儿子，听了父亲的教诲后，决心出去闯荡一番。他先到了欧洲，在那里做苦力工。不久，第二次世界大战爆发，森姆辗转欧洲各城镇，过着极艰苦的逃难生活。大战后，森姆在巴黎住了下来，希望可以找份工作。

但是，战后的巴黎亦千疮百孔，百废待兴，极难找到工作。森姆在走投无路之时，记起父亲的话，"一有机会便做个商人"，"现在既然找不着工作，就迫使自己去做生意，这也是一个机会"。于是，他用仅有的几十个法郎为本钱，在街边流动摆卖香烟、糖果之类小商品。不管白天黑夜或风雨交加，森姆坚持摆卖。

经过几年的不懈努力，森姆的小生意做得有起色了，并租了一间小铺子。为了节省费用，他自己直接到生产厂家进货，一切工作由自己承担。随着时间的推移，他的子女也长大了，长子阿尔拨·里治曼、次子保罗·里治曼、三子拉富·里治曼都成为小店的助手。他们一家人起早贪黑地经营，几年后，有了一点儿积蓄。森姆凭自己的生活经验认识到，欧洲是个福利社会，环境虽好，但地方小，市场回旋余地不大，加上税收率，经商环境不如美国、加拿大理想。他经过反复思考，并亲自到加拿大、美国旅游考察，决定向这两个国家的市场进军。

1956年，森姆决定派三子拉富前往加拿大创业，在那里设立一家瓷砖公司，从事瓷砖的买卖。战后的加拿大，经济已逐步由恢复走向发展，建筑业一派兴盛，对建筑材料需求较大。森姆把法国质优款新的瓷砖运到加拿大，由拉富在那里出售。由于钻了市场的空当，迎合了顾客的需求，生意十分好，一年多就赚了不少钱。

森姆看到加拿大市场的前景，于是决定举家迁往那里生活和经营，亲自主理瓷砖公司工作，使该公司业务更为迅速发展。

森姆·里治曼一家到加拿大两三年后，在瓷砖经营中逐步与建筑行业建立了密切关系，森姆觉得加拿大地产业更有作为。鉴于此，里治曼父子决意利用买卖瓷砖业务，从中了解市场动态和熟悉地产客户，把自己的瓷砖生意作为跳板，尽快打入这个大市场。与此同时，里治曼父子还把瓷砖经营范围扩大，经营所有建筑材料、装修材料业务，随着业务范围扩大，接触的客户面也大了，更有利于进入地产市场。

里治曼一家的发迹，最突出的一点是深谋远虑，循序渐进，从来不搞盲目行动或急于求成。为了涉足地产业，他们先做实验式经营。他们自有的建筑材料业务，随着生意不断扩大需要租用大量的仓库作为货物周转，为此要支付不少租金。里治曼父子决定自己建造一座大仓库，这样既可省掉每年支付的大量租金，又可探索如何经营地产业务。经过这样的试探，他们积累了经验，此举又使里治曼的建筑材料公司成为一个大型企业，声名鹊起。

编者点评

"我有一个好项目！"或许这便是你此时的想法。但是是否要立马实施呢？凡事目光要放长远，不能只盯着眼前，而你也不能只盯着你的好项目，不去了解市场状况。你选定的区域适合你开展"好项目"吗？该项目的市场前景如何？我的优势在哪里？……如果你能及时敏捷地最先感受和把握市场发展的趋势，并能立即采取应变的措施，那么你的好项目才有进行的必要。反之，如果市场上相同项目的趋势已经出现衰退或正在迅速衰退，而自己毫无察觉，则会蒙受巨大损失。

3

"虎口夺食"
——关注那些看似危险但却正确的项目

> 做生意就是一场冒险之旅,在不触犯法律的前提下,谁敢于冒险,谁就会获胜,因为越是危险的地方越是有高额的利润。

2006年10月26日,"如家"在纳斯达克上市,当天就发售了790万份美国存托凭证。作为联席董事长,沈南鹏为纳斯达克市场敲钟庆贺。这已是沈南鹏三年来第二次以公司联合创始人的身份来到纳斯达克敲钟。在此之前,还从来没有哪个中国企业家创造过这样的先例。

而在整个2006年,这位风险投资高手将资本撒向20多家中国创业企业,其中包括互联网、软件等传统领域,也包括农业、动漫、福彩等风险投资从未光顾的行业。

对于沈南鹏这样一个总有无穷的新想法、希望尽可能多地实现企业理想的人来说，连续享受成功的最好方法就是——做一个"创业者背后的创业者"。

与许多少年得志的人物一样，沈南鹏拥有一份足够漂亮的简历。与众不同的是，仔细研读这份简历，会发现其中许多让人惊奇的因果关系。比如，1982年沈南鹏参加首届全国中学生计算机竞赛并获奖，当时跟他一起领奖的学生中有一位名叫梁建章。17年后，这两位朋友联手创办了携程网。

到耶鲁大学读MBA之前，沈南鹏放弃了研读哥伦比亚大学数学博士学位的机会。为了回国创业，他放弃了华尔街待遇优厚的工作。

1999年，沈南鹏离开工作了八年的国际投资银行，回国创业。与许多留学归国精英不同，沈南鹏选择了看起来技术含量不那么高的"帮人订房"的工作。他的创业理由是，中国旅游业市场潜力极大，并且其中的关键环节"订票"与"订房"正可以发挥互联网工具的优势。

1999年5月，携程网成立，沈南鹏以最大个人股东的身份出任总裁兼CFO。在互联网最低潮的时候，沈南鹏帮助携程获得了宝贵的风险投资。2003年12月9日，携程旅行网在纳斯达克正式挂牌交易，股票发行价为每股18美元，上市首日以33.94美元收盘，涨幅高达88.6%。一举成为美国资本市场三年来首日表现最好的网络股IPO，到2006年底，携程每股价格为120美元。

沈南鹏在2005年公司突破10亿美金市值后，退出了携程的日常管理。他说，自己更擅长战略规划与资本运作，对非常细节的公司管理并不十分有兴趣。这种性格特点让他看起来不那么像一个创业者，却也促使他更容易发现新的机会。

2001年，携程商业模式基本确定，并初步实现了盈利。沈南鹏等人开始考虑创办一家收费较低、服务更好的连锁经济酒店。当年年底，如家诞生了。到2006年10月，如家经营及授权管理的酒店数量已经达到110家。截至2006年6月底，总收入已达到2.49亿元。2006年10月26日，如家在纳斯达克上市，当日报收 22.5 美元，较 13.8 美元的发行价格飙升了 63%，这使如家募集资金超过 1 亿美元。

沈南鹏说，以后他还会成为纳斯达克的常客，但身份会变成"创业者背后的创业者"。接下来，沈南鹏的主要身份已经变成红杉中国基金创始人及执行合伙人。而红杉，是全球久负盛名的风险投资基金之一。

2005 年 9 月，沈南鹏联合创办了美国红杉投资的中国基金，并出任合伙人。在这里，他与合作伙伴张帆迅速募集了第一期 2 亿美元的风险资金，用于投资中国高速发展的各类行业。整个 2006 年，红杉中国陆续投资了超过 20 家企业。

值得称道的是，沈南鹏打破了风险投资的常规，除了投资于互联网公司，在短短一年多的时间里，他还连续把资金注入到农业、动漫、福彩等风险投资从未光顾的行业。

沈南鹏说，除了把钱投给那些正确的人，他要做的事情还有很多。比如帮助完善创业者的团队，帮助他们确立更好的商业模式等。直到创业公司的商业模式确定，走上了正确的道路，创业者才会考虑退出。之后，要到企业上市、被并购或者有了更明显的成功，才是风险投资者们退出的时候。

在美国搞高科技的人都知道这句话："硅谷是有效的。"意思是，在硅谷，你的创意不会因为缺乏资金而无法起步——只要你有一份商业计划书，肯定能找到人来倾听你的思路，并且还很有可能愿意为你投资。随着越来越多的中国企业创业成功，最近一二十年来，中国已经有了更多的创业精神和创业实践者。

携程网创业最困难的时候，沈南鹏等人听说了新浪、亚信、UT 斯达康等中国公司在纳斯达克上市并受热烈追捧的消息，这给了他们莫大的信心。现在也和那时候一样，因为创业的热情和信心永远会传染给更多创业者。

编者点评

其实，不同的投资行为之间有着巨大的相似性——付出一定资金，承担风险，然后期待得到回馈。从这一点来看，其实任何投资行为都是"风险投资"。但不管如何，对于一个想通过投资致富的人来说，有一点是可以肯定的，就是你想要创富，就得冒一定的风险。但一定要正视自己承担风险的能力，这是一个投资人的底线。

4

缺钱如何进行投资

> 要善于承受突然而至的困境,要忍耐贫穷带来的变故。

康拉德·希尔顿是世界旅馆业大王,他所创立的希尔顿国际酒店集团,该品牌现在全球已拥有4000多家酒店,资产总额达150多亿美元,每天接待数十万计的各国旅客,年利润达数十亿美元,连续九年蝉联全球最具价值酒店品牌。

希尔顿年轻的时候特别想发财,可是一直没有机会。一天,他正在街上转悠,突然发现整个繁华的商业区居然只有一家饭店。他想:如果在这里建设一座高档次的旅店,生意一定会兴隆。

尽管当时的希尔顿只有5000美元,但他还是认真研究了一番,觉得位于达拉斯商业区大街拐角地段的一块土地最适合做旅店用地。于是,他找到了这块土地的所有者,一个叫德米克的房地产商人。老德米克给他开了个价,如果想买这块地皮就要掏30万美元。希尔顿的钱不够,他请来了建筑设计师和房地产评估师，按他的设想给这所旅馆进行估算，建筑师告诉他起码需要100万美元。

为了攒钱买下那块地皮，希尔顿用仅有的5000美元买下了一家小型的旅馆，并不断地使之升值，不久他就有了5万美元。然后，希尔顿找到一个朋友，请他一起出资建设旅馆。但两人只凑了10万美元，还不够购买地皮的，离他设想的那个旅馆还相差很远。

但是，希尔顿再次找到老德米克，签订了买卖土地的协议，土地出让费为30万美元。就在老德米克等着希尔顿如期付款的时候，希尔顿却对他说："我想买你的土地，是想建造一座大型旅店，而我的钱只够建造一般的旅馆，所以我现在不想买你的地，只想租借你的地。"

听到这话，老德米克有点儿生气，表示不愿意和希尔顿合作了。希尔顿非常认真地说："如果我可以只租借你的土地的话，我愿租100年，分期付款，每年的租金为3万美元，你可以保留土地所有权，如果我不能按期付款，那么就请你收回你的土地和我在这块土地上所建造的旅店。"老德米克一听，转怒为喜："世界上还有这样的好事？30万美元的土地出让费没有了，却换来300万美元的未来收益和自己土地的所有权，还有可能包括土地上的旅店。"于是，这笔交易就谈成了，希尔顿第一年只需支付给老德米克3万美元，而不用一次性支付昂贵的30万美元。就是说，希尔顿只用了3万美元就拿到了应该用30万美元才能拿到的土地使用权。这样希尔顿省下了27万美元，但是这与建造旅店需要的100万美元相比，差距还是很大。

于是，希尔顿又找到老德米克："我想以土地作为抵押去贷款，希望你能同意。"老德米克非常生气，可是又没有办法。

就这样，希尔顿拥有了土地使用权，于是从银行顺利地获得了30万美元，加上他已经支付给老德米克的3万美元后剩下的7万美元，他就有了37万美元。可是这笔资金离100万美元还是相差得很远，于是他又找到一个土地开发商，请求他一起开发这个旅馆。开发商给他了20万美元，这样他的资金就达到了57万美元。

1924年5月，希尔顿旅店在资金缺口已不太大的情况下开工了。但是当旅店建设到了一半的时候，他的57万美元已经全部用光了，希尔顿又陷入了困境。这时，他还是来找老德米克，如实介绍了资金上的困难，希望老德米克能出资，把建了一半的建筑物继续完成。他说："如果旅店一完工，你就可以拥有这个旅店，不过您应该租赁给我经营，我每年付给你的租金最低不少于10万美元。"

这个时候，老德米克已经被套牢了，如果他不答应，不但希尔顿的钱收不回来，自己的钱也一分都回不来了，他只好同意。当然，最重要的是老德米克并不吃亏——建希尔顿旅店，不但旅店是自己的，连土地也是自己的，每年还可以拿到10万美元的租金收入，于是他同意出资继续完成剩下的工程。

1925年8月4日，以希尔顿名字命名的"希尔顿旅店"建成开业，从此，他的人生开始步入辉煌时期。

编者点评

困境并不可怕，可怕的是那种陷入困境不知进取的心态。如果一个人总是认为自己陷入困境后就永无出头之日，那么他永远都不可能找出解决问题的方法，永远都不可能跳出这个你弱它就强的怪圈。而那些面对困境仍然迎面而上的人，总会有办法赢得更大的成功，获取更多的财富。

第五章

从穷到富第五步

创新谋钱

> 创新是一个民族的灵魂,也是一个企业的精髓。许多富翁,自身并非学识渊博、智力超群。他们的与众不同在于思维的跳跃。
>
> 善于创新的商人总是走在时代的前列,他们的每个创举都会引起市场的强烈震动,这样的人做生意,不想赚大钱都难。

1

夕阳行业无前途？旧经验也能创新收

> 这个世界已经准备好了一切你所需要的资源，你所要做的仅仅是把它们收集起来，运用智慧把它们有机地组合起来。

李泫是个能干而且要强的女人，加盟富饶事业之前，李泫一直经营着传统生意，金铃房地产经纪公司以及一家家电维修店是她多年打拼的成果。按理说，李泫的物质生活条件已是富足有余，她完全可以安心在家过着悠闲的生活，然而她并非是一个安于现状的女人，骨子里透露着冒险的天性。

2004年冬天，李泫在一个偶然的机会中第一次了解到富饶事业，当时的她已是人过中年，有着较为丰富的人生阅历和从商经验，她凭借着敏锐的商业头脑，果断认定富饶事业一定潜藏着巨大的商机。经过反复多次对富饶产品和事业的深入了解，2004年11月，李泫正式加盟富饶。

对于在商界打拼多年的李泫来说，从事富饶事业并没有给她带来太多的困难。多年的从商经历使她积累了大量销售经验和技巧，经过归纳总结，她形成了一套自己的销售模式和技能，将这些销售技能运用到富饶事业的市场开拓中，她显得更加得心应手。

她将经营富饶事业的理念定位于公司化经营，先人一步的突破了传统单打独斗的经营模式。按照公司化管理设置注册服务网点内的人员编制，她自己担任总经理，下设销售经理及普通店员，每月定期向工作人员支付工资，而他们则相应地承担一定的产品销售任务，通过这种"一个好汉三个帮"的方式，将传统销售模式灵活运用于富饶事业的拓展中，李泫每个月都能取得良好的业绩。

李泫在注册服务网点里还组织了健康知识讲座，并有幸邀请了公司资深营养讲师贺向荣老师为大家做健康知识培训及现场咨询。贺老师将健康营养知识通过科普及生活化的方式传递给大家，受到了大家的一致认可和好评，现场气氛融洽而热烈，许多人都当场购买了产品。像这样的健康知识讲座，李泫经常在服务网点内组织开展，并且为更好地服务于消费者，她还自费购买了一台高科技超微智能健康检测仪器，并聘请专业人员常年为顾客免费进行健康检测。

李泫就是这样一位用心干事业，且善于用智慧干事业的女人，她认为做事业要么不做，要做就一定要做好，用心做就一定能获得回报。如今，李泫对于今后事业的发展又有了新的想法，她计划进一步完善、改进她的公司化经营理念，在今后的市场开拓中开辟一条更宽的道路，取得更大的收益。

编者点评

如果你是一位传统行业的从业者,如果你深感如今时代发展迅速,互联网时代即将落幕,AI 时代逐步开启,如果你深感自己已经落伍,现在还为时不晚。你以往的经历都能让你在新的时代大展拳脚,你唯一需要做的就是紧跟时代潮流,不断让自己更新迭代。

2

市场太饱和？不妨试试复制式创新

> 作为市场经济主体的众多企业，面对瞬息万变的竞争环境，尤其需要的就是产品创新模式的研究，从"变"中搜寻规律，追求长久的发展。

可口可乐凭借自己独有的饮料配方，加之"超豪华的广告"，将"世界第一品牌"的王冠戴到了自己头上。你可以说它简单，简单到只是个做饮料生意的；你也可以说它复杂，可口可乐公司的经营管理、广告及销售模式，可以成为一门课程，或者可以称之为一门艺术。微软凭借自己的Windows，几乎占据了全世界计算机的操作系统，盖茨一跃成为全球首屈一指的富豪。凭借操作系统方面的创新，压倒了原有的IT巨人。这些创新给企业带来了巨额财富和响亮的知名度，也给后人指明了一条路——通过创新，是可以获得成功的。

模仿可口可乐，百事跻身于世界食品行业的强者之列。而现在互联网如日中天的谷歌，也是在坐稳了搜索行业老大的位置之后，开始一系列"模仿"的。但是，百事和谷歌并不完全依靠模仿，它们都有自己独特的创新。

我们提倡创新，但并不是绝对地否定模仿，创新与模仿是一个问题的两个方面，两者是对立统一的。创新不是要否定模仿，"站在巨人的肩膀上可以看得更远"；模仿也不是没有创新，"成功的模仿就是一种自我创新"。

德国最大的连锁超市——奥乐齐，由阿尔布雷希特兄弟创办。经过多年经营，奥乐齐在国内外市场上迅速扩张，其国内的连锁店遍布16个州，国外连锁店也有数千家。

阿尔布雷希特兄弟出生于20世纪20年代，家境贫寒。父亲当过矿工，后因患肺病离开矿山，到一家面包作坊打工，家里收入大大减少。为了养家糊口，母亲在贫民区开了一家小杂货店，惨淡经营。哥俩人小志气大，决心改变家境。但是，第二次世界大战的爆发使他们的幻想破灭。战争结束后，哥俩回到家乡鲁尔区，操持起没有被炸毁的小店。这一年哥哥卡尔27岁，弟弟西奥25岁。兄弟俩使出浑身解数经营小店，然而年终一算账，除去成本，利润便所剩无几了。

他们不甘心永远处于这种困窘的状况，决心闯出一条新路来。为了弄清产生这种状况的原因，两人常常坐在一起讨论。

卡尔问弟弟："同样是开商店，为什么有的赚钱，有的赔钱；有的赚大钱，有的赚小钱？"西奥回答说："这是因为经营方法不同，其结果当然不一样。"卡尔连连点头，又若有所思地说："看来只要经营得法，本小也可以利大。""对，关键是要找到经营的窍门。""那，什么是经营的窍门呢？"西奥想了半天，也没个头绪。

兄弟俩商量了半天，仍然找不出答案。于是决定到外面去看看别人是怎么经营的。第二天，他俩安排好店里的事情，骑上自行车，穿梭于大街小巷之中。他们每到一家商店，都要进去转转。一连跑了三天，却一无所获。但他们并没灰心丧气，他们知道，如果窍门那么容易找到，那么天下的人都成富翁了。

一天下午，兄弟俩来到一家"消费"商店门口，只见这里顾客盈门，许多人大包小包地买东西，好像商店不要钱似的。这引起了兄弟俩的好奇，于是他们进到店中看个明白。只见门外有一张醒目的红色告示，上面写着：

凡来本店购物的顾客，请您保管好购物的发货票，到年终可凭此发票免费购买发货票款额3%的商品。

兄弟俩将告示看了一遍又一遍，终于明白了其中的奥妙。回到家，兄弟俩便商议起具体的做法来。

为了争取到更多的顾客，他们决定在仿照那家商店经营方法的基础上，有所突破。于是，第二天，奥乐齐商店的门前，便贴上了一张赫然醒目的大红告示：

本店从即日起，让利3%，如果哪位顾客发现本店出售的商品并非全市最低价，且所降低价格不到全市最低价格的3%，可到本店找回差价，并有奖励。

没过几天，奇迹出现了。奥乐齐商店门庭若市，生意兴隆，营业额一下子剧增。

但是，阿尔布雷希特兄弟对此并没有感到满足，他们发现来奥乐齐商店购货的，大部分是附近的居民。这说明自己的生意有局限性。于是，他们在报纸、电台刊登和广播广告，让更多的人知道奥乐齐的商品是全市最便宜的。不久，奥乐齐就出现了新的购物热潮，仓库存货一扫而光。兄弟俩更是忙得不可开交，他们四处奔忙，组织货源，以保证供应。很快，他们开了十多家新的奥乐齐商店。

自此，奥乐齐声名鹊起，家喻户晓。谁都知道奥乐齐是最便宜的商店，很多家境不富裕的市民都成了奥乐齐的常客。

兄弟俩借机迅速扩大经营，汉堡、科隆、波恩、多特蒙德、杜塞尔多夫等地，相继出现了奥乐齐的连锁店。虽然此时的奥乐齐商店陈设简单，装潢简陋，营业面积也不大，但生意却特别红火。

渐渐地，奥乐齐商店的规模越来越大，北起弗伦斯堡，南到阿尔卑斯山的加米斯小镇，到处都布满了繁星般的奥乐齐。

编者点评

无论是模仿还是创新，都要以市场实用性为基础，以顾客需求为基础，扎扎实实做产品，认认真真为顾客着想。只有在这个前提下，模仿和创新才能呈现一派喜人的场面：大量引进和模仿的最终目的，为创新提供土壤；而创新是在模仿与学习的基础上绽放的一朵奇葩。

3

钱不好赚？你缺少一双发现身边财富的眼睛

> 比尔·盖茨说："我从来都是用望远镜看世界的。"人是看多远而走多远，而不是走多远看多远。在商场上，谁有眼光，谁能够看到趋势，谁能够高瞻远瞩，谁就能"早富""大富"。

2002年1月1日，欧元在欧盟各国开始正式流通，中国报纸刊登了一张欧元的照片。温州人却在这张非常普通的照片上，发现了无限的商机：新版欧元比欧盟各国以前所使用的纸币尺寸都要稍微大一点，那现在的皮夹肯定就装不下新币了。很快，大批的适合新币大小的皮夹，从温州出口到欧洲，并且大受欢迎。

但凡有大成就的人，他们的眼光都会比别人看得更深，看得更远，也看得更准，因此他们的成功也更加快捷，更富有传奇色彩。

石油大王洛克菲勒的创业史在美国早期富豪中颇具代表性：异常冷静、精明，富有远见，凭借独有的魄力和手段，一步步建立起庞大的商业帝国。

洛克菲勒出生在一个贫民窟里，他和很多出生在贫民窟的孩子一样争强好胜，也喜欢逃学。但与众不同的是，洛克菲勒从小就有一种发现财富的非凡眼光。

他把一辆从街上捡来的玩具车修好，让同学们玩，然后向每人收取0.5美分。在一个星期之内，他竟然赚回一辆新的玩具车的钱。

洛克菲勒的老师深感惋惜地对他说："如果你出生在富人的家庭，你会成为一个出色的商人。但是，这对你来说已是不可能的了，你能成为街头商贩就不错了。"

洛克菲勒中学毕业后，正如他的老师所说，他真的成了一名小商贩。他卖过电池、小五金、柠檬水，每一样都经营得得心应手。与贫民窟的同龄人相比，他已经可以算是出人头地了。

但老师的预言也不全对，洛克菲勒靠一批丝绸起家，从小商贩一跃而成为商人。

那批丝绸来自日本，重量足有一吨之多，因为在轮船运输当中遭遇风暴，这些丝绸被染料浸染了。如何处理这些被浸染的丝绸，成了日本海员非常头痛的事情。他们想卖掉，却无人问津；想运出港口扔了，又怕被环境部门处罚。于是，日本海员打算在回程的路上把丝绸抛到大海里。

港口有一个地下酒吧，洛克菲勒经常到那里喝酒。那天，洛克菲勒喝醉了。当他步履蹒跚地走过几位日本海员身边时，海员们正在与酒吧的服务员说那些令人讨厌的丝绸。说者无心，听者有意，他感到机会来了。

第二天，洛克菲勒来到轮船上，用手指着停在港口的一辆卡车对船长说："我可以帮你们把这些没用的丝绸处理掉。"结果，他没花一分钱便拥有了这些被染料浸过的丝绸。然后,他用这些丝绸制成迷彩服装、迷彩领带和迷彩帽子。几乎在一夜之间,他拥有了10万美元的财富。

有一天,洛克菲勒在郊外看上了一块地。他找到地皮的主人,说他愿花10万美元买下来。地皮的主人拿到10万美元后,心里还在嘲笑他:"这样偏僻的地段,只有傻子才会出这么高的价钱!"

令人料想不到的是,一年后,市政府宣布在郊外建环城公路,洛克菲勒的地皮升值了150倍。城里的一位富豪找到他,愿意出2000万美元购买他的地皮,富豪想在这里建造别墅群。但是,洛克菲勒没有卖出他的地皮,他笑着告诉富豪:"我还想等等,因为我觉得这块地应该增值得更多。"

果然不出所料,三年后,那块地卖了2500万美元。

洛克菲勒的同行们很想知道当初他是如何获得那些信息的,他们甚至怀疑他和市政府的官员有来往。但结果令人很失望,洛克菲勒没有一位在市政府任职的朋友。

洛克菲勒活了98岁,临死前,他让秘书在报纸上发布了一条消息,说他即将去天堂,愿意给失去亲人的人带口信,每人收费100美元。这一看似荒唐的消息,引起了无数人的好奇心,结果他因此赚了10万美元。如果他能在病床上多坚持几天,赚得还会更多。

他的遗嘱也十分特别,他让秘书登了一则广告,说他是一位绅士,愿意和一位有教养的女士同卧一个墓穴。结果,一位贵妇人愿意出资5万美元和他一起长眠。

洛克菲勒的发迹和致富,在许多人的眼中一直是个谜。正如他那别具匠心的碑文,概括了他传奇的一生——"我们身边并不缺少财富,而是缺少发现财富的眼光"。

编者点评

　　其实，很多有钱人并非学识渊博、智力超人。他们的与众不同在于习惯性思维的跳跃，独特的投资眼光。这样的人或许在少年时得不到老师和家长的欣赏，但长大后，更能适应社会，更能创造财富。

　　独特的眼光和有创新意识的头脑，有时候比知识更重要。如果站在这样的角度，或许你就可以理解为什么如今网络上有很多猎奇的博主，他们靠着独特的视频内容，获取流量赚钱。当然，这只是创新意识最简单的例子，只要你肯创新，你将会想到无数赚钱方法。

4

如何让你的产品脱颖而出
——差异化包装

> 商业竞争中,大胆离奇的想象、极具个性的创意,是一个公司进步、成功的重要因素。

吉诺·鲍洛奇,美国食品大王、亿万富翁,被誉为"商界奇才"。他出身贫寒,也正是贫寒的家境、艰苦的生活造就了他经商的天赋。

在鲍洛奇 10 岁时,一场席卷全球的经济大萧条袭击了明尼苏达州。父亲失业了,他只好利用课余时间在外面找工作。不久,他在杜鲁茨食品商大卫·贝沙的超市连锁店之一的食品店找到一份推销工作,他十分珍惜这份工作。用自己的热情感染着每一位顾客。贝沙注意到了这个出色的小伙子,把他调到杜鲁茨总店进行培训。

初到总店，鲍洛奇的工作就是卖水果，正在鲍洛奇越干越起劲、越干越出色之时，发生了一件不幸的事。贝沙连锁店冷藏水果的冷冻厂起火了，等救火人员迅速将火扑灭时，发现有18箱香蕉已被火烤得有点儿发黑，香蕉皮上还有许多小黑点。贝沙将这18箱香蕉交给鲍洛奇，告诉他只要卖出去就行，价钱低些无所谓。

接过这些香蕉，鲍洛奇犯难了：这可怎么办呢？谁会买这些难看的香蕉呢？如果卖不出去，贝沙先生又会怎么看待我的工作能力呢？这棘手的任务该怎么完成呢？

尽管如此，鲍洛奇还是不得不将这些发黑的香蕉摆了出来，标上很低的价格拼命叫卖，但只有寥寥可数的几个人来摊位前看一下，就转身走了。无论鲍洛奇怎样解释这些香蕉仅仅是外表不好看，味道绝对可口，但还是没有人买。鲍洛奇累了，随手剥开一根香蕉咬了一大口。"嗯，倒是别有一番风味。"他自言自语道，"对了，就这么办！"他突然想出一个主意，高兴得叫了起来。

第二天，鲍洛奇早早地摆出了水果摊，大声吆喝起来："美味的阿根廷香蕉，风味独特，快来买呀，独此一家，过时不候。"

吆喝声吸引了不少人，他们围在水果摊前，盯着这些皮稍微发黑，还带着小黑点的"阿根廷香蕉"，但大家还是犹豫着。

"这真是阿根廷香蕉吗？"其中一人问道。"当然是！"鲍洛奇肯定地说，"你肯定从来没见过。这些样子古怪的香蕉是一种新品种，产地在阿根廷，在美国是第一次销售。我保证，它的确与众不同，不信你尝尝。"鲍洛奇凭三寸不烂之舌，将"阿根廷香蕉"说得天花乱坠，然后又剥开一根香蕉递到那人手里。"嗯，的确与众不同。"那个人尝了后点点头对周围的人说。鲍洛奇接着说："为了感谢各位来照顾我的生意，我决定将这些香蕉以低价出售，每把只要10美分。"就这样，原本打算被处理的香蕉经鲍洛奇这么一说，立刻"身价百倍"。围观的人们纷纷掏出钱买"阿根廷香蕉"，不一会儿，18箱香蕉就被抢购一空。

鉴于市场空缺点，鲍洛奇"偷梁换柱"，把火烧的香蕉说成是"阿根廷香蕉"，反而激起了人们的好奇心，这样无人问津的香蕉却以高价卖出，可见其商业才能。

编者点评

撒谎欺客是不可取的，但我们能从中学到的是——差异化包装。市面上卖相同商品的人太多了。我们能为自己的商品做一些差异化包装吗？同样是卖水果，有人卖的是最新鲜的水果，有人卖的是多种水果的拼盘，有人卖的是包装精美的果篮……所以如何打造属于自己的差异化产品，就需要对你周围市场有足够的了解了。

对于消费者来说，有个性的才是最有魅力的，有独创的才是最有吸引力的，学会经营特色的思想，做个性老板，开独一无二的商店，才能在激烈的市场竞争中独树一帜，赢得主动权，取得成功。

5

有点反常但能快速赚钱的方法

> 一位杰出的企业家在总结自己几十年的经营经验时,不无感慨地说:"市场上,唯一不变的规律,就是市场永远处于变化中。"企业要在不断变化的市场竞争中求生存,就必须不断创新。创新思维的方法很多,逆向思维就是其中的一种。

孙颖,一如她的名字,聪颖能干。2004 年她辞职后,在淘宝网开了个小店叫"颖颖杂货铺",卖手机电池等杂货。那时的电子商务对于大多数人来说,还是雾里看花。别人看她天天在电脑前折腾,好奇地问这样赚得到钱吗?孙颖咬着牙说——赚!其实,那时一没特色,二没经验的杂货铺亏得厉害。

绷住了面子,孙颖也开始反思。一天,她漫无目的地在网上浏览,研究那些大卖家令人眼馋的交易量是怎么做起来的。无意间,她看到一个大卖家在向别人订购空的牛奶纸箱。要空的牛奶箱子干吗?她百思不得其解,忍不住去问了那个卖箱子的人。那人告诉她:"有人买箱子用来包装货品。"

一语惊醒梦中人！孙颖顿悟，她从中看到了一种可能。在绞尽脑汁为买家提供产品的时候，为什么不反过来考虑网上数十万卖家的需求，为他们提供产品和服务呢？

网上交易基本都不见面，需要通过物流渠道来完成。例如，"玫瑰基地"的网店每天浏览量上千，每周来自全国各地的订单最少有30个。也就意味着，她每周至少要打30个包发货，需要包装箱30个、气泡膜和填充物若干。网上卖东西要靠邮寄、快递、货运等，不光是化妆品，绝大部分的商品都是用纸箱包装发出去。有些大卖家每个月需要的纸箱就要好几千个。

于是，孙颖开始尝试为网点提供定向服务。然而，与纸箱厂联系时，孙颖却碰了一鼻子灰。纸箱的利润本就很薄，主要靠走批量。而孙颖需要的货物不仅量不大，还要重新制版生产。谈了整整一个星期，孙颖好说歹说，纸箱厂才勉强让步，但要求她订的第一批货不得低于一万元。

对于经营不善的杂货铺来说，花一万元去定一批不知卖不卖得出的纸箱还是有点儿冒险的。换一个人，也许就此放下了这个念头。然而，商人的潜质和层次就此划分。不做，就得过且过；放手一搏，总有成功的机会。孙颖相信自己的眼光，咬咬牙拍板订货。

纸箱铺一上架，杂货铺正式更名为"颖颖纸箱铺"。孙颖的经营方向转到了为卖家服务上。

她仔细研究了网络的销售方式，给自己定下三大原则：每天必去社区论坛"灌水"，保证发出去多个帖子，吸引更多的卖家通过帖子上的店铺链接进入小店；主动与淘宝网各个类别排名靠前的卖家联系，宣传自己的包装箱和服务、价格优势；利用淘宝网的产品推荐位，充分造势。这三大原则看似不新奇，然而在网络这一主要靠口碑、人气宣传的特殊平台下，有了良好的收效。卖家们看到规格如此齐全、价格如此喜人的纸箱铺，纷纷前来光顾。

这三大原则就像三驾马车，拉着"颖颖纸箱铺"的交易量一路狂飙。短短半年，毫不起眼的小纸箱就为她带来近 30 万元的利润。

编者点评

作为现代创造性思维方式的一种，逆向思维的特点在于改变常态思维的轨迹，用新的观点、新的视角和新的方式研究和处理问题，以求产生新的思想。

大家都在做的生意，入场晚了连汤都喝不到。选那条走的人少的路，会更容易些，仔细观察你的生活，有哪些生意是大家真的有需求，但是鲜有人做的呢？快快行动起来吧。

6

信息捕捉得好，一辈子穷不了

> 信息满天下，专寻有心人。一条有价值的信息，一个准确的情报，会给你带来一大笔财富。

美国亚默尔肉类加工公司的老板菲普力·亚默尔，和普通人一样，习惯于天天读书看报。他虽然工作繁重，但每天上午一到办公室，女秘书就给他送来当天的各种报刊，他有时足足看一两个小时。1875年初春的一个上午，他像平时一样，细心地阅读当天的报纸。一条不显眼的简短消息把他吸引住了，短短的100多个字，讲的是墨西哥最近发现了疑似瘟疫的病例。

就这么一条小信息，亚默尔却像发现了新大陆一样，他马上联想到，如果墨西哥真的发生了瘟疫，那一定会从边境传到美国的加州或得州，因为那里与墨西哥接壤。加州和德州的畜牧业是美国肉类供应基地，假若这里发生瘟疫，全美国的肉类供应肯定会紧张起来，那么肉价也会飞涨。

一个商人的本能使他多方面进行分析和研究对策，他决定迅速派人到墨西哥去实地了解和调查。他派出的考察组有医生和专家，出发前交给他们明确的调查任务。几天后，考察组从墨西哥发回电报，证实那里确实发生了瘟疫，而且蔓延得非常快，到了难以控制的地步。

亚默尔接到电报后，立即筹集大量资金收购加州和得州的肉牛和生猪，迅速运到离加州和得州较远的东部。果然不出亚默尔所料，瘟疫在两三个星期内就从墨西哥传到美国西部几个州了。美国政府下令严禁一切饮食从这几个州外运，牧畜业更是严控，以此防止瘟疫蔓延，肉类供应基地的产品不能外出，美国市场一下子肉类奇缺，价格跟着暴涨。

亚默尔及时把他囤积在东部的肉牛和生猪高价出售，短短的几个月时间，他净赚了900万美元。一条信息带来了一笔巨大利润。

亚默尔的成功要素是时刻注意猎取各种信息和准确应用信息。事实上，世界上许多有业绩的商人都用这一招，如李嘉诚，他掌握信息的方法更高明，他手下的信息情报部门有许多文化水平高、经营学问深的人员，他们的工作职责是每天把香港几十份报纸和美国、英国、日本等国的几十份主要报社的报纸看完，然后，将每份报纸的重要信息浓缩，再进行分类，对于新奇的消息和有前途的信息做出评价，他首先看阅的就是这些报刊摘选。当他对哪方面情况感兴趣时，就让有关选摘人员把原篇报道送来细看，或与他们共同研究这些信息。

伯纳德·巴鲁克是华尔街的一位传奇人物。这位白手起家的百万富翁，曾经担任过好几任美国总统的经济顾问。他原来只是一个默默无闻的欧洲移民后裔，后来却成为华尔街中呼风唤雨的角色。

在伯纳德·巴鲁克幼年，当时经营矿产进口的显赫家族——古根海姆家族的成员就是老巴鲁克的顾客，所以，伯纳德·巴鲁克有机会接触一些当时的大人物。优秀的社交天赋成就了年轻的巴鲁克，而对金融市场的分析判断和驾驭能力，使他在华尔街尝到了成功的滋味。二者相辅相成，他的朋友帮助他不断地进行风险投资；等他更有钱的时候，社交圈子也越来越广，认识的人越来越多，从而使他获得的信息也越来越多、越来越及时。

当时关于他最广为流传的故事就是：在1929年纽约股市大崩溃来临前夕，巴鲁克在街上停下来等着擦鞋，给他擦鞋的小家伙竟然也跟他津津有味地聊起了股票赚钱的秘诀。待鞋擦得锃亮，巴鲁克一回到办公室就把所有的股票抛售一空，成功躲过一劫。

编者点评

成功的商人对有利的信息、好的主意十分重视。很多经营者缺少信息意识，不做市场调查，凭着主观愿望盲目生产，最终在激烈的竞争中一败涂地；有些经营者虽然重视信息，但往往不能对得到的信息做出正确、快速的判断，而错失良机。

如今我们的生活中处处充斥着信息，从众多信息中挑选有效信息也是一种能力。信息的准确性与及时性是相当重要的。如果你把握好了，那么你就可能因此而崛起。注重信息、研究信息，是成功商人获取财富的手段之一。

7

做别人需要的
——满足需求是赚钱的本质

> 如果你的思维足够开阔,那么你的钱包就会随之增大。

普莱森特·罗兰所创立的普莱森特公司是世界上第一家为 7~12 岁的女孩服务的公司,同时,它制造让儿童喜欢的以各人种为原型的娃娃。普莱森特公司通过捆绑销售娃娃与相关系列丛书,带来了巨大的市场利润。

也许有人会认为,如果玩布娃娃的话,45 岁已经太老了。但是这对于普莱森特却是一个历史性的开始。罗兰发起向儿童玩具业的进军,不但使她成为全美小女孩心中的英雄,更让她成为一位玩具业的巨人。每个人都认为,小女孩在超过 6 岁后就会抛弃洋娃娃。但是罗兰不这么想,她认为 7~12 岁年龄段的女孩是一个被玩具商忽视的消费群体,而这里面蕴藏着数十亿美元的巨大商机。在推出面向这一年龄段女孩的娃娃和书的配套系列"美国女孩"后，便以8200万个娃娃和700万本书的销量，成为美国市场上仅次于芭比娃娃的第二大畅销玩具。普莱森特公司2001年销售额为3.5亿美元。

罗兰坚持认为是这些书开启了"美国女孩"的成功之门。八个"美国女孩"娃娃每一个都有配套的六本书来讲述她的故事。在殖民地时期美国的生活细节、在经济萧条时期教授女孩怎样长大……这些书和娃娃的绝妙搭配，把女孩们带到了另一个世界。在热销的同时，罗兰创办的《美国女孩》杂志也拥有了超过65万的订户。"一块富含维生素的巧克力蛋糕。"罗兰这样形容这段杂志、历史和利润的奇妙组合。她深谙母亲们正在期望这样一种产品，既能吸引女孩作为孩子的兴趣，又能容许女孩将孩童期的时光稍微延长一些。

罗兰在她45岁创办普莱森特公司之前，曾经做过小学教师、电视台记者、教科书的撰稿人以及一本杂志的出版商。她这样描述后来影响了一代美国女孩的事业的开始："1984年，我和丈夫参加在威廉斯堡举行的一个传统活动。本来我以为这只是一个小小的愉快的假期，但事实上，它成了我生命中宝贵的经历之一。我喜欢坐在教堂的高背长凳上，回想乔治·华盛顿曾经到过这里，派特里克·亨利也在这里发表过演讲。我喜欢那里的服装、家庭氛围、每一天的生活——所有这些都深深地吸引着我。我记得自己坐在树荫下的长椅上，情不自禁地想到，学校给孩子们上的历史课是多么乏味，不能让更多的孩子来感受这里活生生的历史，该是一件多么悲哀的事情。我问自己能为这件事做些什么。在接下来的圣诞节，我想给自己8岁和10岁的侄女买个娃娃。但让我震惊的是，洋白菜补丁娃娃充斥了整个圣诞节市场。我觉得它们很丑，但芭比娃娃又不是我想要的那种。我相信在那个圣诞节，我不是唯一一感到沮丧的美国妇女。我在威廉斯堡的经历与此时的沮丧结合在一起，一个念头突然在脑海里诞生了。我立刻给我最亲密的朋友写了一张明信片——它至今仍保存在普莱森特公司的档案室。我写道："你觉得怎么样，为9岁的女孩制作一套讲述不同历史时期的书，同时配备穿着不同时代服装的娃娃，以及一些可以让孩子们演出的附属玩意儿？我并不做新的玩具，只是把在威廉斯堡的美好回忆浓缩到让孩子一直喜欢的书和娃娃身上。"

在罗兰这个想法成型后，她立刻用一周的时间制作了一份包括系列图书、娃娃服装样式、生产线等规划内容详尽的商业计划书。之后，虽然罗兰的想法如此与众不同，但她的这一商业创意取得了巨大的成功。在以后的四年里，只凭借邮寄广告目录和口口相传，"美国女孩"的品牌价值就上升到了7700万美元。为了扩大品牌，罗兰和她的公司又推出面向更年轻的女孩的婴儿娃娃和配套图书，应孩子们的要求创造了更时髦的娃娃、《美国女孩》杂志，以及讲述怎样进行人际交往等知识的书籍。在随后的五年里，"美国女孩"的营业额以每年5000万美元的速度增长，最终达到了3亿美元。

在目睹自己的商业计划一步步得到成功实施后，罗兰在1998年以7亿美元的价格将普莱森特公司卖给了美泰公司。现在，功成名就的罗兰正在家里享受着她当初大胆的尝试和果断的决定所带来的安逸的退休生活。

编者点评

社会是发展变化的，只有变化才能生存，只有跟上时代的变化才能求得发展。要有变化就需创新。

作为一个消费者，想想有什么东西是你需要但是市面上没有的？多问问是不是也有人与你一样有相同的需求？如果有很多人有相同的需求，那么你的想法便是成立的。

8

赛道太拥堵，不妨另谋出路

> 有创新意识的人做事业常有着与众不同的特点，因此他们往往能在最短的时间里让自己"冒尖"。

"你第一次见到这么多苍蝇，肯定会感觉不好受，但时间长了，你会接受它们甚至喜欢上它们。这些动物都很聪明，也愿意与人交流。"山东省济阳县孙耿镇一处养殖场内，面对满眼飞舞的苍蝇，艾宝荣笑着说。

艾宝荣，济南大学计算机专业2000年毕业的女大学生，怀着对生活的美好憧憬踏入社会，多方求职，却均以失败告终，她摆过地摊卖过凉席，开过肉食店……

就在她创业举步维艰时，一篇养虫子致富的报道引发了她的极大兴趣。她带着找到创业项目的兴奋，前往山东农业大学学习养殖技术，开始了她的"养殖人生"。

最初，艾宝荣每当看到那些苍蝇和蝇蛆的照片，都会恶心不已。现在的艾宝荣已经把苍蝇当成了宝贝。她介绍说，她养殖的苍蝇叫家蝇，是一种在封闭环境中经驯化的、可以养殖的生物，与绿豆蝇和红头蝇有很大区别。家蝇的幼虫营养价值很高，经过灭菌、除臭、脱水，可以制成浓缩蛋白质，可做食品添加剂，也可做酱油、味精的原料，成本低廉，市场前景广阔。

她还建立了虫子网站，通过网络将生意做到了英国、韩国。她还充分利用蝇蛆，建了一个养猪场和一个高档养鸡场。

这就是"第一个"产生的效果，简直有迅雷不及掩耳之势。即使大公司看到了这种产品，想开发，也会感到大势已去。因为，第一个就是第一个，没有谁愿意在这个狭小的专业市场空间中去和对手硬碰硬。

海特发展有限公司的董事长在1997年某设计院工作时，曾受命设计一条公路的涵洞工程，由于每条涵洞都必须循规蹈矩地进行大量结构设计和绘图，这让他望而生畏。因此他想到何不利用自己的计算机知识将其程序化，同时在创业路上也能另辟蹊径。因此，当他终于开发出当时市场一片空白的公路涵洞CAD软件，将设计人员从每天大量重复烦琐的工作中解脱出来时，他立即创办了一家公司，并取得了意想不到的成功。由于这种产品是市场上的"第一个"，他迅速打开了局面，几乎如入无人之境。

编者点评

当看到很多人在同一条路上挤的时候,你就该有点创新意识了。此时不妨另谋他路而行,也许会达到殊途同归的效果。这样做事,自己觉得轻松,别人看了也精彩。

农业频道、军事频道、科技频道……有太多频道每天都在向世界传递着新科技。而且你也可以充分了解你所在行业的前沿,这样更有利于为你指明方向,进行创新。

9

一定要有梦想，万一实现了呢

> 一个人应该大胆去追求自己的梦想，否则你的梦想机会毫无价值。

40年前，戴尔电脑公司从一间办公室起家。今天，它已经成为享誉全球的个人电脑制造商。它的创办人美国电脑业巨子迈克尔·戴尔的奋斗经历，是一个惊人的故事。他锲而不舍的科学创造精神、精明的商业头脑和清醒的市场竞争意识，使他成为现代企业家中的佼佼者和创业者们争相效仿的典范。

1977年的一个周末，当时只有12岁的迈克尔·戴尔跟家人到墨西哥湾海滨垂钓。但是，迈克尔却携带了许多丝网片，他说，这是他的一个新主意。

当他的父母和两个哥哥都已悠闲地握着钓竿，就等鱼儿上钩时，迈克尔还在费劲地摆弄一副能挂上许多鱼钩的迷宫似的渔具。"你在浪费时间，迈克尔。"他们对他直嚷嚷，因为他们拉上一条又一条鱼时，迈克尔还是两手空空。

"快用钓竿和我们一起钓，瞧我们好开心。"迈克尔却充耳不闻，继续顽强地对付缠成一团的网和钩,就像和风车搏斗的唐·吉诃德。中午时分他总算理出了头绪,其他人却已经准备收竿野餐了。小迈克尔颇为自信地把整理好的渔网投到深水里,这些渔网上挂有100多个大小不同的鱼钩,并把连接渔网的长竿牢牢地固定在岸上。

整个午餐时间,大家都拿他打趣,说迈克尔大概要空手而归了。但后来等他拉上渔具一看,上钩的鱼儿比其他所有的人钓到的鱼加起来还多!

迈克尔从小就喜欢说:"如果你有个好主意,就试一试!"如今迈克尔凭着他的"好主意"一跃成为电脑业巨头。

迈克尔的父亲亚历克斯是位牙齿矫形医生,母亲洛林是位股票经纪人。在休斯敦长大的迈克尔和他的哥哥从小受到父母勤奋好学和敬业精神的熏陶。这个中产阶级家庭的孩子天资聪颖,有自己独特的人生视野和处事方式,常令人刮目相看。例如一次有人来找"迈克尔·戴尔先生",想和这个已掌握了相当多高中知识的孩子谈谈他取得高中学历证书的问题。片刻之后,年仅8岁的迈克尔说:干脆跳过高中阶段也许是个好主意。

几年后,迈克尔又有了另一个好主意。他在集邮杂志上刊登广告,做起了邮票生意,并用赚得的2000美元买了他的第一台个人电脑。他回到家里的第一桩事就是拆开电脑看个究竟,想弄清楚电脑的工作原理。

在读高中时,迈克尔找到一份为休斯敦的《邮报》征求订户的工作。他灵机一动,立即想到新婚夫妇是最有希望的订户。他雇用朋友收集抄写刚领了结婚证书的人们的姓名地址,然后把这些资料输入他的电脑。他向每对新婚夫妇寄去一封亲切的问候信并提供两周的免费报纸,结果他大获成功。这次迈克尔赚了18000美元,并用它买了一辆宝马轿车。当这位17岁的少年用现金付账时,汽车老板们着实吃了一惊。

18岁那年,迈克尔上了奥斯汀市的得克萨斯大学。像大多数新生一样,他需要自己挣零花钱。当时电脑热刚刚在大学校园中兴起,人人都在谈论个人电脑，所有的人都想弄一台，但经销商出售的电脑价值昂贵。为什么经销商在电脑上加了一点点附加功能后就卖得这么贵呢？迈克尔先是百思不解，继而豁然开朗，干吗不从制造商那儿买来，再直接卖给用户呢？

迈克尔知道，IBM（国际商用机器公司）要求经销商每月要确保一定的个人电脑销售额，而且往往超出了他们的销售能力；他还知道库存过大会造成经济损失，因此，他抓住有利时机从经销商那儿按进货价买进当月未售出的产品。回到宿舍，他再在电脑上增加特定功能，改进了性能。这种改进过的电脑颇受欢迎。看到了这个"饥渴的"市场，迈克尔就在报纸上刊登广告，以低于市场零售价15%的价格提供他按顾客需要改进过的电脑。很快，他的产品进入了企业、医生的办公室和律师事务所。他的轿车行李仓成了门市部，而他的宿舍简直就成了个小工厂。

那年感恩节假期他回到休斯敦。非常关切他的学业的父母告诉他，"如果你想开办企业，最好在获得大学文凭后再干"，迈克尔同意了。但一返回奥斯汀，他感到千载难逢的机遇正在与他失之交臂，"我不能坐失良机。"他对自己说。一个月后，他以百倍的热情再次开始改装和销售电脑了。他与另外两个室友共住的宿舍看来像个战场，纸箱高叠，电脑线路板和各式各样的工具摊满一地，这引起了室友们的不快。一天，他的室友把他所有的东西都堆在他房间的门口，不让他进去。他想，是抓住自己创造的巨大势头，开辟发展事业新天地的时候了。当时，他每月的营业额已超过5万美元。

迈克尔向他的父母承认他还在从事电脑业务，而父母想知道他的功课怎么样了，他说他想退学自己办公司。

"你那样干到底为什么呢？"他父母问。"和IBM竞争。"他直截了当地回答。和美国以至世界的电脑业巨头IBM竞争？他的父母真的感到不安了。但不管他们说什么，迈克尔都不为所动。他们最后总算达成了一项"交易"，在暑假期间他得把他的电脑公司开办起来，如果失败了，到9月份他必须回校读书。

回到奥斯汀，迈克尔·戴尔倾其所有，创办了戴尔电脑公司。那是1984年5月3日，他只有19岁，奇迹般地成功了！

由于父母给他规定了最后期限，他决心背水一战，开始了狂热的冲刺。他以每月付一次租金的方式租了只有一个房间的办公室，雇用了他的第一个职员：一个28岁的经理替他管财务，搞管理。他抓起一只装披萨饼的空盒子在反面画了戴尔公司的第一幅广告草图。一个朋友再把它画在纸上，送到报社去刊登。

迈克尔仍然专门从事直接向用户销售IBM公司的个人电脑业务，并按顾客要求附加特定的功能。当订单一来，他就到处采购零件装配每一台有特殊要求的电脑。头一个月销售额就达18万美元，第二个月则上升到26.5万美元。迈克尔几乎没有留意到新学年又开始了，因为他的事业蒸蒸日上，每月就要售出1000台个人电脑。他搬进了较大的场所，雇用了更多的人员。

在管理上，迈克尔充分施展出他的才华。他要等顾客的订货电话达到800台时才叫雇员成批装配整机，这样操作更规范，管理更方便。零件只在需要时才去采办，减少了资金的占用。小型货车每天都把当天的产品运走，控制了库存，降低了费用。企业的效率极高，当然也获利丰厚。

正当企业前途无量，销售额高达300万美元的时候，迈克尔聘请的经理辞职了。但正如他常说的，每次遇到一个危机，某种好的东西或许会由此而生。他从需要出发，学习了会计基础课程，结果证明那是一笔无法估量的财富："如果它对你很重要，学习一种知识或技能就容易多了。"这句话正好反映了他的教育观和知识观。

不像其他制造商，迈克尔向顾客提供"退款的质量担保"，即不合格的产品可退回全部货款。他还认识到，当一台电脑出毛病时，顾客总想能立即修复使用。因此迈克尔对他的产品实行"第二天现场维修"制度，并为顾客设立了24小时免费电话专线，让顾客直接与电脑技术人员通话。据迈克尔说，

90%的电脑技术问题能在电话里解决。与顾客保持经常性的电话联系，使公司更贴近市场，顾客们直接让戴尔公司了解到他们喜欢哪一种特定型号，不喜欢哪一种型号。"我的竞争者们是先开发出新产品，然后告诉顾客他们该要什么，不该要什么，而不是先去弄清楚市场真正需要什么，再去开发新产品。"迈克尔一针见血地指出竞争对手的弱点。

迈克尔·戴尔没有再回大学读书，他有太多的计划设想急待实施，他有太多的创造力急待释放。而面面俱到、某些内容已经陈旧的常规教育对他已成了"束缚"。到他该从大学毕业的那一天，戴尔公司电脑的年销售额已达7000万美元。戴尔公司不再加工改装其他公司的产品，"借鸡生蛋"的阶段结束了。迈克尔开始设计、装配和销售自己的产品了。戴尔公司登上了新台阶，这是迈克尔所创造的奇迹般的成功。

到了21世纪初，戴尔电脑公司已在包括日本在内的16个国家开办了子公司，年销售额超过20亿美元，共雇用5500人。迈克尔个人的财富也水涨船高。

想当初他的公司还只有两个人一间房时，迈克尔曾对朋友说：他的梦想是成为世界上最大的个人电脑制造商，朋友们说他异想天开。"干吗要做第五第六或第十名呢？"他回答。他的经历启发我们：为什么不去追求你的梦想呢？为什么不努力实现你的梦想呢？如果有什么"好主意"，至少可以试一试。

编者点评

梦想很重要，但将梦想付诸实践更重要。或许你的梦想在此时此刻看起来像天方夜谭，但是一定要努力去尝试。在梦想的引导下，一个人往往能够全身心投入其中，踏踏实实去做，绞尽脑汁把事情做得更好，在这种态度下，成功概率就更高。精明的人会把这股冲劲放在赚钱中，于是在实现梦想的同时，财富也滚滚而来。这难道不是有钱人高明的谋略之一吗？

第六章

从穷到富第六步
靠谈判赚钱

> 谈判是矛，是您刺向对手的强有力的武器；谈判是盾，是您抵御对手的坚实屏障；在风云变幻的谈判桌前如何把握时局，抢占先机；唇枪舌剑，你来我往，何时亮出自己的底牌？

知己知彼，才能百战百胜

> 一位百发百中的神射手，如果他漫无目的地乱射，也不能射中一只野兔。

美国总统尼克松在一次访问日本时，基辛格作为美国国务卿与之同行。尼克松总统在参观日本京都的二条城时，曾询问日本的导游小姐大政奉还是哪一年？导游小姐一时答不上来，基辛格立即从旁插嘴："1867年。"这件小事说明基辛格在访问日本前已深深了解和研究过日本的情况，阅读了大量有关资料以备不时之需。

美国人十分注重商业谈判技巧，在行动前总要把目标方向了解清楚，不主张贸然行动。所以，他们的生意成功率较高。美国商人在任何商业谈判前都先做好周密的准备，广泛收集各种可能派上用场的资料，甚至是对方的身世、嗜好和性格特点，使自己无论处在何种局面，均能从容不迫地应付。

一家美国公司与一家日本公司洽谈购买国内急需的电子机器设备。日本人素有"圆桌武士"之称，富有谈判经验，手法多变，谋略高超。美国人在强大的对手面前不敢掉以轻心，组织精干的谈判班子，对国际行情做了充分了解和细致分析，制定了谈判方案，对各种可能发生的情况都做了预测性估计。

美国人尽管做了各种可能性预测，但在具体方法步骤上还是缺少主导方法，对谈判取胜没有十分把握。谈判开始，按国际惯例，由卖方首先报价。报价不是一个简单的技术问题，它有很深的学问，甚至是一门艺术：报价过高会吓跑对方，报价过低又会使对方占了便宜而自身无利可图。

日本人对报价极为精通，首次报价1000万日元，比国际行情高出许多。日本人这样报价，如果美国人不了解国际行情，就会以此高价作为谈判基础。如果美国了解国际行情，不接受此价，他们也有辞可辩，有台阶可下。

事实上美国人已经知道了国际行情，知道日本人在放试探性的气球，果断地拒绝了对方的报价。日本人采取迂回策略，不再谈报价，转而介绍产品性能的优越性，用这种手法支持自己的报价。美国人不动声色，旁敲侧击地提出问题：贵国生产此种产品的公司有几家？贵国产品优于德国和法国的依据是什么？

用提问来点破对方，说明美国人已了解产品的生产情况，日本国内有几家公司生产，其他国家的厂商也有同类产品，美国人有充分的选择权。日方主谈人充分领会了美国人提问的含意，故意问他的助手："我们公司的报价是什么时候定的？"这位助手也是谈判的老手，极善于配合，于是不假思索地回答："是以前定的。"主谈人笑着说："时间太久了，不知道价格有没有变动，只好回去请示总经理了。"

美国人也知道此轮谈判不会有结果，宣布休会，给对方以让步的余地。最后，日本人认为美国人是有备无患，在这种情势下，为了早日做成生意，不得不做出退让。

编者点评

　　谈判之初的重要任务是摸清对方的底细，因此要认真听对方谈话，细心观察对方的举止表情，并适当给予回应，这样既可了解对方意图，又可表现出尊重与礼貌。搞清楚后再做交易，这是大多数商人的经商法则。在经商中，如果遇到不懂的问题，他们会问到自己彻底弄清楚以后才善罢甘休。当然，同样的方法，也可以用于我们日常的面试中。

2 巧借"饥饿"营销，谈判更容易

> 一位美国商业谈判专家通过许多试验，发现这样的规律：在谈判中，如果买主出价较低，则常常能以较低的价格成交；如果卖方喊价较高，则往往也能以较高的价格成交；如果卖主喊价出人意料地高，只要能坚持到底，则在谈判不致中止的情况下，往往会有很好的收获。

1984年，经国际奥委会决定，第23届奥林匹克运动会在洛杉矶举行。在此之前的各届奥运会，不论是由哪个国家主办，都是个亏本的生意，主办国均为此付出了高昂的经济代价。1976年，加拿大蒙特利尔市举办的奥运会开支20亿美元，亏损10亿美元，加拿大政府向银行借贷筹办这届奥运会的债务，直到2003年才还清。1980年在莫斯科举办的奥运会，花费90亿美元，亏损更为严重。

鉴于此，美国政府和洛杉矶市政府得知国际奥委会这一决定后，都宣布不予经济援助，但又不愿意放弃这一难得的机会。正在美国政府犹豫不决之际，当时的美国第一旅游公司副董事长，现任的美国奥委会主席尤伯罗斯，接受了当时的洛杉矶市市长希莱德的请求，答应组织举办第23届奥运会。

在新闻发布会上，尤伯罗斯宣称举办这次奥运会全靠自筹的资金，不要政府一分钱，而且他还夸下海口："我个人来承办这次奥运会，要净赚两亿美元。"当时，许多人都认为尤伯罗斯是在吹牛，为自己打气。可事实证明，洛杉矶成功地举办了第23届夏季奥运会，并净赚15亿美元，创造了奥运史上的一个奇迹。这得益于其组织者尤伯罗斯出色的组织才能和卓越的管理才能，还有他优秀的谈判艺术。

第23届夏季奥运会的巨额资金，可以说基本上是尤伯罗斯与各大赞助商谈出来的。通过广泛的调查和研究，尤伯罗斯发现往届奥运会之所以出现亏损，一个重要的原因就是过分强化了奥运会的政治功能和体育功能，而忽略了它的经济潜能。因此，他决定把商业机制引进奥运会，尽可能使奥运会的种种便利条件金钱化、商品化，吸引更多的大企业参与为争夺奥运会赞助权而展开竞争，并使这场竞争国际化。

为获得更多的赞助费，尤伯罗斯吸取了1980年普莱西德湖冬季奥运会的教训。在那次冬奥会上，赞助单位虽然多达381家，但每个赞助单位平均出资仅为两万美元，结果，组委会实际获得的赞助费只有900万美元。为了解决赞助费过低的问题，尤伯罗斯做出了一个惊人的举措——限制赞助单位数量，而且同行业只选一家。

当时，有12000多家厂商为在奥运会上销售产品而申请参加赞助，而尤伯罗斯宣布第23届奥运会的赞助单位仅限30家，多一个也不行；每个赞助单位至少出资400万美元，而且同行业只选一家。这就意味着哪家企业能成为赞助单位，在奥运会期间，其产品销售量就会在同行业中遥遥领先。

这招牌一亮出，各大厂商顿时慌了手脚，唯恐自己落后，都抢先登记，把赞助费越抬越高。其中，日产汽车公司与美国通用汽车公司之间的竞争尤为激烈。日产汽车公司在尤伯罗斯招标方案公布后不久，立即电告奥运会组委会，愿出资500万美元赞助，并表示如有必要还可增加。美国的通用和福特两大汽车公司听到日产汽车提出申请后，急忙开会商讨对策。通用汽车认为，日本汽车大量倾销美国，市场被占领得太多，如今美国主办奥运会，再让日本汽车横行霸道，那简直丢尽了美国汽车行业的脸面。经过多次协商，福特汽车公司自愿退出竞争，全力支持通用汽车公司与日产汽车公司较量。

通用汽车公司当即通知组委会，愿出资600万美元，同时提供500辆汽车作为大会的工作用车，并提供10辆高级豪华轿车作为接待各国首脑的专用车。日产公司得到消息后，立即电告组委会，表示需要多少车，日产公司就提供多少。经过几番较量，最后，在美国舆论的压力下，尤伯罗斯以900万美元的赞助费与通用汽车公司签了约。

就这样，经过一系列的谈判，尤伯罗斯在众多赞助商竞争者中挑选了30家，终于巧妙轻松地解决了所需的全部资金，并使第23届洛杉矶奥运会成为奥运历史上第一届盈利的奥运会。

编者点评

　　生活中处处有饥饿营销。曾经小米公司就采用饥饿营销的手段，让小米公司的产品快速抢占市场；现如今，即使在直播间购买小商品，每件商品的数量也是有限的，卖完就立即开始卖下一件商品。饥饿营销的手段充斥着我们的商业生活，谈判中也不例外。

　　在谈判时要好好研究对方的情况，从而确定一个出价限额，使自己既不因超越该限额而失去信誉，也不会因出价太少而造成不应有的损失或减少应得的利润。也就是说，在商业谈判时，喊价要狠，让步要慢，先开个好价钱，再与对手讨价还价，从而做出最后的决定，达成协议。

3
不要轻易暴露自己的底牌，化被动为主动

> 在了解对手的同时，我们还有一件很重要的工作要做，那就是保守自己的某些秘密，不要让它泄露或过早地泄露，以免让对方知道自己的全部实力。

美国一位著名谈判专家有一次替他邻居与保险公司交涉赔偿事宜。谈判是在专家家中的客厅进行的，理赔员先发表了意见："先生，我知道您是交涉专家，一向都是针对巨额款项谈判，恐怕我无法承受您的要价，我们公司若是只出100元的赔偿金，您觉得如何？"专家表情严肃地沉默着。根据以往经验，不论对方提出的条件如何，都应表示出不满意，因为当对方提出第一个条件后，总是暗示着可以提出第二个，甚至第三个。理赔员果然沉不住气了：

"抱歉，请勿介意我刚才的提议，我再加一点儿，200元如何？"专家说："加一点儿？抱歉，无法接受。"理赔员继续说："好吧，那么300元如何？"专家等了一会儿道："300？嗯……我不知道。"理赔员显得有点惊慌，他说："好吧，400元。""400？嗯……我不知道。""就赔500元吧！""500？嗯……我不知道。""这样吧，600元。"专家无疑又用了"嗯……我不知道"这样的话术。最后这件理赔案终于在950元的条件下达成协议，而邻居原本只希望要300元！这位专家事后认为，"嗯……我不知道"这样的回答真是效力无穷。

谈判是一项双向的交涉活动，每方都在认真地捕捉对方的反应，以随时调整自己原先的方案，一方干脆不表明自己的态度，只用"不知道"这个可以从多种角度去理解的词，竟然使得理赔员心中没了底，价钱一个劲儿地自动往上涨。既然来参加谈判，就不可能不知道谈判目标，"不知道"的真正含义恐怕是不想告诉对方他想知道的。

美国电力公司准备修建一座大型发电站，公开招标中的一部分是要购买一台特大型发动机，各国发电设备制造商获悉后纷纷进行投标。德国西门子公司也参加了投标，不过其报价比其他公司高，因为其产品质量绝对是世界一流的。

投标后，西门子公司就等着中标的好消息传来。可是，在不久后公布的投标者名单中，竟然没有西门子公司。西门子公司的代表四处询问，并去函去电约见工程负责人，但都杳无音信，他急得似热锅上的蚂蚁。

十几天过去了，眼看事情已经没有希望，没想到美国电力公司工程负责人马哈德突然约见西门子公司代表，并向他道歉，对自己工作中的"疏忽"表示"抱歉"，并拿出其他公司的投标书给西门子公司代表看，说只要比最低报价低10%，订单就可以给西门子公司了。

西门子公司代表将比最低报价低10%的投标书送上去后，就又没有音信了。马哈德不接他的电话，也不安排时间会见他。西门子公司代表感到这桩买卖似乎又泡汤了,就在这时,马哈德又一次约见了他,再次"致歉",说拖这么久是公司政策的规定,要等到最后一份投标书的到来,他本人希望促成与西门子公司的交易。

马哈德拿出一份投标书,说:"很不巧,昨天我们收到了这最后的一份投标书,报价比你们低25%,如果你们能把报价再降低3%,我就将合同呈给总裁批准了。"西门子公司代表向德国公司总部请示,当时正赶上国际市场大型机电设备销路不好,西门子公司总部又极不情愿地降低了报价。

西门子公司代表再次与马哈德见面,马哈德高兴地向代理人祝贺,然后又告诉他:别家投标者又提出了"优惠"条件,如果西门子公司不提供同样的条件,那么最后谁能中标就很难说了。最后西门子公司再次做了让步,这桩买卖终于做成了。

马哈德早就看中了西门子公司的优质产品,却不急于表态,让对方摸不透自己的情况。他知道:如果一开始就邀请西门子公司投标,其报价很高,而报价一经提出,代表就会千方百计地来维持这个报价,想降低就不太容易了。如果不用步步紧逼的办法降价,而是一步到位的话,前后价格相差悬殊,就会造成对方心理不平衡弃标而去。这样,没有高质量的产品,工程的进度和质量就难以保证。

马哈德先不理睬对方,打击投标者的自信心,接着又给对方一点儿希望,让西门子公司觉得对方这桩买卖还可以做成,从而在侥幸心理的作用下,不断同意电力公司方面降低报价的要求。由于他对西门子公司及其代表的投标心理了如指掌,因而能迫使其不断降低报价,最终接受自己的条件。

编者点评

在尽可能了解对手的情况、目标与底牌以帮助你实施自己的策略的同时,应尽量不暴露自己的情况、目标与底牌。在不暴露自己的同时,你获得对方的情报越多,你的日子就越好过,而且会处于取得最佳谈判的地位。

4

软硬兼施，让谈判更轻松

> 谈判不是一个人的"英雄主义"，而是一个团队的同心协力。

我们经常会在影视剧中看到这样的场景：当警察审讯犯罪嫌疑人时，首先由攻击型的警员来审问他，用凌厉的攻势摧毁对方的意志，向他说明他的罪证确凿、他的同伙都招供了等，把他逼到进退两难的边缘。接受了这样的审讯后，有的人会屈服，而顽固的犯罪嫌疑人依然死不认罪。

这种情况下，则派另一位温和型的警员审问他。警员完全站在犯罪嫌疑人的立场上，真心地安慰他、鼓励他："你的家人都希望你得到宽大处理，希望你为他们考虑。"对这种软招，犯罪嫌疑人往往招架不住，坦白自己的一切犯罪行为。

两个人配合使用这种手法时，一方首先把对方逼到心理的死胡同里去，令他一筹莫展。这时另一个人出来给他一条逃避的暗道，这种情况下对方自然会奔向那条可以脱身的暗道了。这种技巧并不仅仅适用于审讯等特殊的场合,在经商洽谈时也可以发挥巨大的作用。这种奇异的心理法则,美国人称之为"石绳法则":石头可以击伤人,草绳也照样能把人捆起来。

美国富翁霍华德·休斯性情古怪,脾气暴躁。有一次他为了采购飞机,与飞机制造商的代表进行谈判。休斯要求在条约上写明他所提出的34项要求,并对其他竞争对手保密。但对方不同意,双方针锋相对,谈判中冲突激烈,对方甚至把休斯赶出了谈判会场。

后来,休斯想到自己没有可能再和对方坐在同一个谈判桌上,也意识到是坏脾气把这场谈判弄僵了,于是就派了他的私人代表奥马尔出来继续同对方谈判。他告诉奥马尔:"你只要争取到34项中的11项没有退让余地就行了。"奥马尔态度谦和,通情达理,使飞机制造商的代表感到格外轻松。经过了一番谈判之后,奥马尔争取到了休斯所说的那非要不可的11项在内的30项。

休斯惊奇地问奥马尔怎样取得如此辉煌的胜利时,奥马尔回答说:"其实很简单,每当我同对方谈话不一致时,我就问对方:'你到底是希望同我解决这个问题,还是要留着这个问题等待休斯先生同你解决?'结果,对方每次都接受了我的条件。"

这种技巧被美国商人用得几近经典。他们先是虚张声势,气势十足,以"如果不接受此种条件,一切免谈"之语,先来个下马威。而如果此招不成,就开始以"退出谈判"要挟,最后目的难以得逞,就转为甜言蜜语,先硬后软。

显然,休斯的面孔与奥马尔的面孔看来并无奇异之处,合二为一则产生了奇特的妙用,这便是上文所讲的石头、绳子一起用的奥妙所在。这也是中国人所说的"一个唱红脸,一个唱白脸"。

编者点评

谈判时，买方并不首先把真正的条件摆出来。尤其当买方派出两人去参加谈判的场合，其中一位首先提出尽量苛刻的要求，令对方惊惶失措，不知如何应对，即在心理上把对方逼倒。这时，由另一位提出一个折中的方案（即真正的方案），自然是给了对方一条出路。在这种阵势面前，就是客观上分析相当不利的条件，对方也会认为折中方案好得多，表示接受。

5

谈判时总是很被动？
不妨试试僵持战术

> 自己不去思考和判断，就是把自己的头脑交给别人帮你看管。

摩西·门德尔松是德国 18 世纪的大哲学家。一天，他在柏林的大街上散步时，不小心撞到一个普鲁士军官身上。军官冲他粗鲁地骂道："笨猪！"这时，哲学家微微地弯弯腰，彬彬有礼地说："门德尔松。"而后扬长而去。

这时，只剩下普鲁士军官一个人呆呆地站着，看热闹的人们都不由得哈哈大笑起来。

人与人之间往往会发生摩擦，谈判的时候由于利益关系更是摩擦不断。面对这种情况，无能的人往往努力回击，以扳回自己的面子。殊不知，这样以粗鲁对待粗鲁，不仅无益于自己的面子，而且会使双方的误会及隔阂越来越深。

这时你可以试试僵持战术，变被动为主动，从而让对方陷入被动的境地。

有三名日本商人，跟美国一家公司的几位经理进行谈行商业谈判。美方代表的表现是压倒性的，他们有备而来，气势汹汹。在一开始，美方代表就借用图表、电脑图像和种种数字的帮助，证明其价格的合理性。他们光念完所有的资料就花了两个半小时。

而在这段时间里，三名日本商人一句也不反驳，默默地听着。美方代表终于说完了，他们呼出一口气，靠在软软的座椅上，以结束性的语气问日本商人："你们认为怎么样？"

其中一位日本商人彬彬有礼地浅笑了一下，说道："我们不明白。""什么？"美方代表惊诧地问道，"什么意思？你们不明白什么？"另一位日本商人又彬彬有礼地答道："全部事情。"

锐气大挫的美方代表差点儿犯了心脏病，"从什么时候开始？"他还是勉强挤出这几个字。第三位日本商人还是那么彬彬有礼："从谈生意开始的时候。"美方代表无奈地苦笑着，但又能怎么样呢？

最后，美方代表像泄了气的皮球似的靠在椅背上，打开领带结，无精打采地说道："好吧，你们要我们怎么样？"三名日本商人同时彬彬有礼地答道："请您再重复一遍吧！"

现在，日本商人反过来处在主动的地位了，美方起初的那股傲气早已烟消云散了，谁能再一字不漏地重复那堆长达两个半小时的材料呢？

于是，美方的开价开始下跌，而且愈来愈不利。

编者点评

许多人都害怕谈判陷入僵局，其实不然。谈生意一旦陷入僵局，对那些急性子的谈生意者绝对是致命的！可以说，僵持战术是专门为急性子的谈生意者而设计的。原因是谈生意只要陷入僵局，时间会无限制地延长，根本看不到有结束的可能——这对那些妄想一鼓作气的谈生意者无异于当头一棒！而那些慢性子的商人，则是处理僵局的能手，他们善于从僵局中走出来，主动和解，化胶着为友好，变被动为主动，从而使谈判天平渐渐倾向于自己。

6

做最坏的打算，才能抱最好的希望

> 天下有两难，登天难，求人更难；世间有两苦，黄连苦，贫穷更苦；世上有两险，江湖险，人心更险。所以凡事要做最坏的打算。

餐具经销商乔费尔与三洋公司的谈判即将开始，三洋公司草拟了一份合同，乔费尔与律师经过商议后，决定围绕这份合同展开谈判策略。

在三洋公司提出的合同草案中，有一条是关于将来双方发生纠纷的仲裁问题，三洋公司提议在大阪进行仲裁，解决纠纷。需要提醒一下，代理销售这一类的合同发生纠纷的原因，一般是拒付货款或产品有质量问题。一旦出现纠纷，双方最好通过直接协商解决，打官司是万不得已的办法。当然，还有一种方式是事先在合同中明确约定双方都认可的仲裁机关。诉讼和仲裁的目的虽然相同，但结果却不同。无论仲裁在哪个国家进行，其结果在任何一个国家都有效；而判决就不同了，因为各国的法律不同，其结果也只适用于该判决国。也就是说，日本法院的判决在荷兰形同废纸，荷兰法院的判决在日本也形同废纸。

现在乔费尔的思考重点是，本合同是否可能发生纠纷？发生纠纷的原因是什么？究竟是进行仲裁还是提出诉讼对己有利？

对乔费尔来说，一般容易产生的麻烦是收到对方的货物与要求质量不符，但由于草案中双方议定的是先发货后付款，那么一旦货物有质量问题，乔费尔完全可以拒付货款，三洋公司就会以货物符合要求而上诉。这样，一旦出现此种情况，在日本仲裁对乔费尔就会非常不利，但若将仲裁地改在荷兰，三洋公司自然反对，那时双方出现第一个争执不下的矛盾焦点将会是此问题，为此乔费尔提出如下主张："我们都知道仲裁的麻烦，都不愿意涉及仲裁。但为了以防万一，不妨就请日本法院来判决。"

假如双方一旦出现纠纷，日本法院的判决在荷兰形同废纸，即使是打赢了官司，也根本执行不了，这样，将来真的出现纠纷，乔费尔不出庭都可以，连诉讼费都省下了，若这一提议能通过，乔费尔自然占上风。

编者点评

谈判不可能每次都成功。有些谈判虽经双方共同努力，但终因差距过大而归于失败。预备好失败是一种面对现实的务实态度，这并不是给自己泄气，而是消除自己的后顾之忧，也就是所谓的"置之死地而后生"，有了这种意识，才会行动从容，决策果断。顺利时，没被胜利冲昏头；失败时，仍能保持重新站起来的能力。所以，预测失败的可能情形，并拟订好对策，也是高明的谈判技巧之一；而能在未蒙受损失之前及时抽身，更是高明的谈判技巧之一。

第七章

从穷到富第七步
"吝啬"管钱

> 金钱容易引发意外，任何人对待金钱都要谨慎，否则就要损失金钱。在商人眼里，仅仅知道不停地干活，显然是不够的，一定要学会管钱。先要学会看管少量的金钱，然后才可以管理更多的金钱。会管钱是一种比会赚钱更加高明的手段。

1

每天储蓄一点点，左手现金流，右手滚雪球

> 别想一下子就汇聚出大海，必须先从有小河流开始。

赫伯特·斯宾塞认为，原始人和现代人的主要区别在于，前者缺乏远见。每个人都应该筹划未来，为自己有一个舒适的晚年做准备。人们总是鼓励独立自主，因为那是未来的保障，而储蓄则给人以这种独立性。它使人们对工作更有信心，勇往直前而不后退，超然于环境而不受制于环境。当人们有了一些钱后，就会更有热情地去赚钱。而储蓄，永远是没错的。

事实上，积累财富的愿望构成了人类社会不断发展的重要动力之一。它为个人的精力与活力提供了坚实的基础，它是自立的基石，它鞭策人们努力工作、从事发明并去超越别人。财富的积累总会对节俭的人产生影响，它使

人变得可靠、自律和勤劳，使他们远离挥霍，变得稳重。

卡特是有一个非常有才的年轻人，他每个月都赚很多钱，他对自己充满信心，认为没有他解决不了的问题。所以卡特每个月都把钱花得精光。有一天，他妻子得了重病，他必须请一位非常有名的外科医生，为妻子做这次性命攸关的手术。可是这场手术需要花费很多钱，没有事先交钱，医生是不可能为他妻子动手术的。因为他平常没有储蓄，所以他只好去借钱。借了一大笔巨款，才做了手术把妻子的命保住了。但是随之而来的，还有妻子的疗养费用，而且他的孩子也接二连三生病，他饱受焦虑的折磨，终于积劳成疾，赚的钱越来越少。最后，卡特的职业受挫，全家都变得穷困潦倒了。这个悲剧本来完全可以避免，只要他每月把平时挥霍的钱省出一点，就不会落得这步田地了。

依照世界的标准利率来计算，如果一个人每天储蓄一元钱，88年后可以得到100万元。

我们不可能预先就知道，自己或家人会什么时候生病或有什么变故。所以我们必须在平时就养成良好的储蓄习惯，不要等到事情发生时弄得自己手足无措。

罗斯福说过："我鄙视那些不养家糊口的男人，每个男人都有责任拿出一定的收入来供养他的家庭……而且，想到自己去世或者发生变故，或者破产后，亲人可以得到安顿，这种感觉对于任何男人来说，都是一种极大的满足。"

没有什么东西能在你最需要钱的时候代替存款，存款是我们为不幸购买的保险，否则，没有人能承受这些不幸的打击。

另外，由于你不储蓄，你还有可能失去很多让你的财富升值的机会。比方说雷姆就曾因为没有储蓄而错失过良机。雷姆是一个非常能干的人，相当会赚钱，但他从来不储蓄。有一次某只很有潜值的股票发行配股时，他由于没有存款，失去了这个难得的机会。

有些年轻人总是对零钱粗心大意，觉得那只不过是九牛一毛，不可能发大财。他们总是想，"要是我有了一大笔钱后，我就去存起来"。他们总是把为数不多的钱放在身上，实际上，这使他们养成了一种很不好的习惯，并且有可能会因此而损失惨重。

汉克是一个公司的小职员，他的收入并不是很多，可是他在银行已经存了一大笔钱。因为他总是习惯节省每一笔小钱。他说，他以前总是喜欢随便把钱放在口袋里。后来发现那些钱花得快极了，他买了很多不必要的东西。从那以后，他就试着把钱放在一个小袋子里存起来，慢慢地发现越存越多。因为他每次从袋子里拿钱出来都会慎重考虑一下，不会像以前在衣兜里掏钱那么随意了。到后来，他就干脆把钱都存进了银行。

编者点评

每个人都应该有储蓄的远见和机智。这能使他在患病、面对死亡或紧急情况时镇定自若，而且万一遭受重大损失，也可以东山再起。而没有储蓄的话，他可能许多年都翻不了身，尤其是在他还要养活家人的情况下。

当一个人开始有规律地储蓄，就代表他真正懂得了金钱的价值，代表他开始迈向了成熟的人生，也说明他形成了更为正确的人生观，开始对自己的人生有了更好的规划，而变得更有信心了。

2

管好自己的每一分钱

> 果实甜美自然虫多,财产庞大,麻烦也随之增多。

成功的商人,每天会给自己算账,打"算盘",是非常重要的一件事,这样可以避免出现赤字。赤字引起的心理恐慌,是折磨人的。

埃克森美孚创始人约翰·洛克菲勒也保有这种总账。他每天晚上祷告之前,总要把每便士的钱花到哪儿去了弄个一清二楚,然后才上床睡觉。

洛克菲勒老年时,有一天,他向他的秘书借了5美分。当洛克菲勒给秘书还钱的时候,秘书不好意思要,洛克菲勒当即大怒:"记住,5美分是一美元一年的利息!"由此可见,洛克菲勒对于金钱的节俭和计算非常精细。

当牵涉到你的金钱时,你就等于是在为自己经营事业。

索罗斯年轻时曾经做过侍应生,还摘过苹果,做过油漆工。他说:"我每周的收入是4英镑,目标是把花费控制在4英镑以下。每笔开支我都记账。"

因此,不论你是普通家庭主妇,还是小店的掌柜,或是公司老板,都应像个账房先生一样不停地盘算你的家底，做到有多大能耐办多大事。其中最忌讳的就是不知道自己有多大实力而盲目的发展。

金钱感觉是经营者必须掌握的一个部分，是非常重要的感觉。经营者对公司的金钱必须严格把关。公司的金钱不仅限于现金、原材料、商品、设备，还必须把这一切都反映为金钱。老板动用的金钱数目越大，人对金钱的感觉就会变得越麻痹。公司的规模越大，其金额必然就会增大。日常动用巨额金钱时，小额钞票常常显得像垃圾一样不予重视。如果每天操纵着10万美元、100万美元那样巨额的现金，那么对一两万变得无所谓，也不足为奇。

有一位老板在公司资金筹措紧迫时，却每天将1000～2000美元扔在酒馆里。一边说着还差二三百万美元，一边却将公司的钱如汤水般抛撒。的确，对于100万美元来说，1000美元算不上什么。一天即使节省了1000美元，对于筹措的100万美元算不了什么，但是如果人们探究其资金筹措紧迫的原因之后，必然会考虑借或贷款的风险，而断绝借其款项的念头。

果然，这位经营者的公司最终倒闭了。俗话说，一分钱憋死英雄汉，不会珍惜小钱的人干不了事业。不是说要吝啬，也不是说对金钱总是要做精细打算。对自己囊中的金钱稍微大方一点没有什么关系，但是对公司的金钱一分也不能浪费。

一分也不能浪费并不仅限于现金。不用说商品，就连原材料、燃料、劳动力都不能浪费。它们虽然没有露着金钱的面孔，但在公司的经营活动中与金钱相同。对金钱以外的东西，不少人都不具备以金钱的眼光去看待的感觉。

因此，不少人看重金钱，却在不断地浪费商品和原材料。这些人也属于金钱感觉薄弱的人。

编者点评

如果你是一个小本生意的经营者,那么你要对于每一笔钱都认真管理。很多小生意在发展之初,成长的速度特别快,到了后期,由于金钱的日流量增大,很多人对小笔的钱放松了管理,最终明明生意很红火,却没赚到什么钱。管理金钱,是不分多少的,只有一分钱要好好管理,100万元中的一分钱依然要好好管理。

3

你的穷富，是由你的现金流决定的

> 具有理财能力的人的做法是，在对投资项目进行分析的过程中，不断对自己的资金进行审视。

张兴冬的创业成功是幸运的，之所以这么说，是因为他在开始创业时，尚不具备创业理财能力，忽略了资金流动性风险。但因为资金量小，所以他度过了初创业的第一关口。

张兴冬是辽宁省抚顺市人。高中毕业后，他进入了抚顺市的一家国有企业上班。1997年底，年仅26岁的张兴冬不幸下岗了。1998年6月，他在妻子李芳的帮助下在石化小区的早市上摆了一个小摊，卖各种小百货。经过一年的时间，张兴冬赚了两万元钱。这时，不满足现状的他开始寻找更赚钱的买卖。

张兴冬摆的小摊旁边，有一家冯氏煎饼铺，该铺子卖的煎饼在市场上十分走俏，有时甚至要排长队才能买到。望着冯氏煎饼铺生意火爆的情景，张兴冬心里想：自己做小百货生意虽然也能赚钱，但仅能维持生活，根本就赚不了大钱。俗话说"家有万贯，不如薄技在身"，如果学到一门手艺，不管将来市场发生什么样的变化，都能凭此养家糊口。他知道山东省菏泽市是煎饼的发源地，那里会做煎饼的人一定很多，于是，他决定转让摊位，远赴山东拜师学艺。

1998年10月，张兴冬来到了菏泽。在一位70多岁的老人那里，张兴冬了解到中国煎饼已有1000多年的历史了，古代最有名的便是"刘记"煎饼，始于宋朝，可现在已经失传。经过几番考察，张兴冬交了200元培训费，插班参加了当地举办的"六姐妹煎饼"培训班。经过一个月的培训后，张兴冬终于掌握了制作煎饼的全部技术。从菏泽回来后，之前赚到的两万元已经用掉了大半，这意味着如果煎饼不能够给他带来利润的话，张兴冬一家的生活都将面临问题。

于是，张兴冬以每月360元钱的价格租了两间民房。随后，他拿出家里仅有的8000元钱，开始了新的创业。

1999年4月8日，"刘记"煎饼铺正式开张了。开张后，生意一直很红火，每天都能赚100多元钱。但张兴冬并没有满足"温饱"的现状，他想，水饺、面条、馒头和包子都能进商场和超市，煎饼也一定能进去。

张兴冬的这个想法并没有错，可问题是，一个项目在市场中的拓展会面临很多意想不到的问题，因此在选择大规模进入市场之前，是应该先占据市场，还是应该先对市场中可能出现的问题进行摸底试探？

张兴冬选择的办法是向全市的超市全面进攻。首先，他投入4000元制作了一大批煎饼，然后分别投放到几个超市进行代销。4000元对于张兴冬来说是一笔不小的资金，这笔钱如果受到损失，就意味着他可能不得不暂时放弃他的煎饼事业，重新积蓄资金。但在决定大规模进军超市前，他却没有意识到这笔资金对他的重要性。结果是，煎饼投放八天后，他在家等到的不是各超市让他去结算的消息，竟是叫他把已变质的煎饼取走。原来，放在超市里的煎饼不过三天就发霉长毛了。他的心顿时凉了。那天晚上，将所有煎饼拉回家中，他一个人坐在店里，看着一堆堆发霉长毛的煎饼发呆。

此后，张兴冬开始四处取经，学习延长煎饼保质期的办法。在科技情报所和图书馆查阅了大量资料后，他才发现，延长煎饼保质期的领域居然是一片空白。这使他非常失望。经过一段时间的思索，他决定自己进行研究，并发誓把延长煎饼保质期的难关攻下来，填补这个领域的空白。

1999年6月，张兴冬开始了延长煎饼保质期的研究。他买回瓷杯、滤纸、试纸等试验器具，把每一种配方的煎饼分门别类地装进袋里，并在袋上写清配比情况和日期。然后，他将它们分别放在潮湿的地方、太阳暴晒的地方和冰箱里。在做每一次试验时，他都做了详细的记录，然后进行对比，从中找到有规律的东西。

功夫不负有心人。经过三个多月的反复试验，张兴冬终于摸索出了延长煎饼保质期的方法。经验证，在不加任何添加剂和防腐剂的情况下，他烙出的煎饼保质期能达到45天，开创了我国煎饼食品保鲜的新纪录。不久，辽宁省质量技术监督局对张兴冬制作的煎饼进行了鉴定，认为他的煎饼口感好，韧性好，无异味，无添加剂，是新世纪的绿色食品。

试验成功后，张兴冬士气大振。不久，他请人设计了商标，注册成立了抚顺市新抚刘记食品厂。

1999年9月，张兴冬的一位叫吴守义的朋友要与他投资合作，并保证会在最短的时间内把"刘记"煎饼打入全国各地的超市。有人投资，这当然是求之不得的好事，张兴冬几乎没任何犹豫便同意了。吴守义以一辆"五十铃"货车和10万元入股，张兴冬也通过向银行贷款、向朋友借钱等办法，凑了20万元投了进去。

创业时通过借贷筹措资金是很正常的，但是借贷来的资金需要预先做好归还计划，这是一种理财能力，将直接影响到创业过程是否平稳。由于张兴冬没有意识到这个问题，所以摔了一个大跟头。

资金到位后，张兴冬随即租了一间800多平方米的大厂房，购置了设备，招聘了工人，准备大规模生产煎饼。在张兴冬看来，30万元资金足以支撑这个工程，因此他将全部心思放在煎饼的大规模生产上，再次忽略了小资金更要精打细算。由于摊子铺得过大，加上经验不足，工厂一投产，便出现了很多环节运转不畅的情况，几乎每天都在亏钱。吴守义见势不妙，竟卷走了剩下的11万元钱，再也找不到人了……刘记食品厂倒闭了！消息不胫而走。债主们听说后，纷纷跑到张兴冬的家里讨债，闹得鸡犬不宁。

理财能力实际上不仅仅是对资金的管理、分配能力，同时也是对行为结果的预见能力。只有在精确衡量结果的基础上，才可能确保创业资金的安全理财。

在最困难的时刻，张兴冬决定缩小规模，主攻本市和沈阳两地的市场。他东挪西凑又筹了3万元资金，准备继续生产。

2000年春节前夕，在张兴冬和工人们的共同努力下，一车车满载着希望的"刘记"煎饼，被送进了抚顺和沈阳的各大超市里。张兴冬满怀信心地盼望能靠着这批煎饼大大地赚上一笔。但是，他忽略了一个十分重要的因素，春节将至，家家都在置办年货，谁会去买他的煎饼呢？结果，"刘记"煎饼仍然少有人问津。虽然最后他亲自带着工人，冒着大雪走上街头，把煎饼以最低的价格卖出去了，但还是亏了近万元。

屋漏偏逢连夜雨。不久，张兴冬的哥哥开车到黑山采购小米，那位与张兴冬合作了半年的老客户热情招待了张兴冬的哥哥，采购过程看不出丝毫异常，称重、装车、返回，一切都进行得很顺利，可张兴冬的哥哥回到工厂后，卸货时才发现，货车上层是新米，下层却是陈米。张兴冬当即找到那位老客户，要求退掉陈米，可那位客户却死不认账。为了保证煎饼的质量，他只好将这些小米低价卖掉。这次，他不仅亏了运费，而且赔上了差价，又赔了两万多元。接着，由于管理疏漏，张兴冬竟然又被手下的一个业务员骗走了3万元的货款……张兴冬怎么也想不到创业之路会这么艰难。受到接二连三的打击后，他病倒了，在病床上昏昏沉沉地躺了四天。直到这时，他才深刻地体会到自己对于资金控制观念太淡薄了。只有好的项目，没有对资金合理的理财规划和管理，一样会让自己满盘皆输。

张兴冬虽然已经身无分文，还负债7万多元，但他仍没有认输，反而变得更加坚强了。因为他坚信，煎饼这种深受欢迎的廉价小吃，一定能登上大雅之堂。多次失败的经历也使得他开始重视创业资金的理财。幸运的是，在张兴冬最困难的时候，一些老客户纷纷向他伸出了援助之手，在短短两天的时间里他重新筹到了8万元钱。

2000年3月，张兴冬的煎饼厂恢复生产后，为了进一步提高煎饼的质量，张兴冬亲自到农村收购大米、黄豆、黑米、香米和芝麻等原料。

随后，张兴冬开始在新产品的开发上动脑筋了。他想：人们的生活水平提高了，传统的玉米面煎饼和小米面煎饼已经不能满足人们的需求，必须开发一些新品种、新口味的煎饼。只有这样，"刘记"煎饼才能打进国内市场。说干就干，他立即招聘了一些人才，成立了新产品开发部。在短短两个月的时间内，开发部便研制出了香米面煎饼、大米面煎饼、黑米面煎饼、高粱米面煎饼和糯米面煎饼等系列产品的配方，并在新产品中加进了价格很贵的芝麻等原料。这些产品投放辽宁省内市场后不久，就反馈回了好消息：新产品供不应求。

异常高兴的张兴冬把厂房后面的一大片空地和十几间民宅买了下来，又投资20多万元，购置了设备，雇用了80多名下岗职工，开始大批量地生产煎饼了！

经过仔细研究后，张兴冬决定改变以前的经销方式，实行"走出去"的推销方法，一步步将自己的产品向全国渗透。经过一段时间艰苦的努力，"刘记"煎饼终于敲开了国内市场。到 2003 年 5 月，张兴冬已在全国十多个省和直辖市设立了代理商，在市场上所占的份额比重越来越大，利润也像滚雪球一样增加着……

但是，由于张兴冬一直把主要精力都放在产品开发和打开市场销路上，对企业内部疏于管理。随着企业的不断扩大，人员的增多，企业内部管理的诸多漏洞渐渐显露出来，最为严重的是损失浪费的现象已经超出了他的想象。工厂每天生产的废品就有 400 多斤，按照市场价格的平均值每个 4.5 元计算，每天就要白白扔掉 1800 元，按此推算，一年就要扔掉 65.7 万元，这是一个多么令人震惊的数字！这时，有人劝张兴冬将这些废品回炉，可他坚决反对，不想因此砸掉了自己的牌子。他觉得出现这么多废品，绝不是"必不可免"，他相信只要让员工把工作当成自己家的事来做，废品率就一定能降下来！

为了取信员工，张兴冬把月薪制改为周薪制。除此之外，他还废除了几项伤害员工感情的规章制度。这在员工中产生的反响极大，一时间，大家都为有这样一位好老板而感到庆幸，并把对张兴冬的感激之情化作了无形的动力。他们从此在工作中精心操作，废品率在很短的时间内就下降到每天 30 斤左右。废品率降下来了，工厂的效益也越来越好。2004 年 2 月，张兴冬又投资 60 万元，在抚顺市郊区前甸镇购买了 10 亩土地，开始动工建造新厂区。

编者点评

很多人在创业之初,考虑创业风险时的第一反应就是考虑项目的风险,但往往忽略了一个将直接影响创业项目发展的重要因素——资金流动性风险。所谓资金流动性风险,指的是创业者在寻找项目的周期、开始创业项目的阶段以及开发市场的时候,都必须要有足够的资金支撑。而这一段时间,恰好是对创业者理财能力的极大考验。

4

别把员工的利益榨干

> 管钱不是护钱,更不是抠门。为了更好地管钱,适当的时候要损失一些钱,只有这样,才能建立和谐的劳资关系。

英国化工企业家路德维希·蒙德的财富之路,不是靠金融技巧,而是完全靠自己的专业知识从事实业的创富。

蒙德于1839年出生于德国卡塞卡,后移居英国。他在学生时代曾在海德堡大学同著名化学家布恩林一起工作,发现了一种从废碱中提炼硫黄的办法。他将这一方法带到英国,几经周折,才找到一家愿同他合作开发的公司。结果证明,他的这一专利是有经济价值的。后来,英国和欧洲的许多公司都申请使用这种方法,这使蒙德萌发了自己开办化工企业的念头。

于是,蒙德在柴郡的温宁顿买下了一块地,建造厂房。当地居民担心大型化工厂会破坏生态环境,反对他在那里建厂,并拒绝为他工作。蒙德不得不雇用爱尔兰人。建厂期间,他每天到现场监督,用威胁和诅咒来催促工人,他嘴上老挂着一句话："不要称呼我先生，我不是绅士！"其情状可想而知。

1874年，工厂建成，开始生产情况并不理想，成本居高不下，企业完全亏损。但蒙德并不气馁，加倍努力，终于在1880年取得了一项重大突破，产量增加了3倍，成本也降了下来，产品由原先每吨亏损五英镑，变为获利一英镑。1881年，在吞并附近一家和他竞争的企业之后，蒙德和他的主要合伙人约翰·布隆内尔一起，把他们的工厂扩大为布隆内尔－蒙德公司。当时拥有名义资产60万英镑，短短几年之后，布隆内尔－蒙德公司成了全世界最大的生产碱的化工企业。

布隆内尔－蒙德公司在生产碱的化学工艺上取得了重大突破，但世人认为，该公司在改善劳资关系方面的建树更有革命的意义。在英国，他们是最早给予工人每年一周的假期，休假期间工资照发的雇主之一，只是有个条件，就是工人必须好好工作。实际上42%的工人获得了这种休假。这说明实现的条件有一定难度，但绝不是可望而不可即的。

1889年，布隆内尔－蒙德公司又做出了一项重大决定，将工人的工作时间定为每天八小时。在当时的英国，工厂中普遍实行一天12小时工作制，工人一周要工作84小时。所以，蒙德他们的决定被称为"令人惊讶的变革"。但事实证明，工人每天八小时内完成的工作量和原来12小时的一样多，因为他们的积极性极为高涨。这种两全其美、皆大欢喜的效果，可以说正是最善于从人与物两个角度来考虑问题，并使之达到和谐一致的商人所执意追求的。

这时，工厂周围居民的态度也发生了根本性的转变，原先因为怨恨蒙德破坏了乡村的宁静而拒绝为他工作的劳动者，现在争着进他的工厂做工。在布隆内尔－蒙德公司所属的工厂里做工，可获得终生保障，而且在父亲退休之后，可将他的工作像家庭遗产一样传给儿子。

蒙德此时已经非常富有、非常有名，各种荣誉也纷纷降临到他头上。他从事化学研究生涯的摇篮——德国海德堡大学授予他名誉博士学位；牛津大学和曼彻斯特大学分别授予他文学博士学位和科学博士学位；他担任了"化学工业协会"主席，成了"英国皇家学会""普鲁士科学院"和"那不勒斯皇家学会"的成员，而且还获得了意大利当局颁发的荣誉勋章。

蒙德于1909年去世，弥留之际还不忘把自己收藏的大部分名画捐赠给了国家美术馆。他的第二个儿子阿尔弗雷德·蒙德接替他担任布隆内尔－蒙德公司的总裁，此时的公司已经成为全世界最大的几家化学公司之一，并包括生产煤气和镍等众多工厂。

编者点评

其实，这个道理很简单，想挣大钱的人，不仅要让手下拼命地干活，还要懂得适当回馈手下，不要一味地去榨取他们的血汗。管理好与这些员工的关系，就等于管理好了自己的钱。

5

为顾客提供完美服务

> 营销是企业经营的重要一环,而服务又是这一环节的关键。销售的基点应建立在顾客满意的基础之上,要使顾客满意,必须价廉物美,再加上优质服务。

生意要在服务所及范围内做。譬如有五件事,如只能做好三件事,就只做三件事。倘若对于销售产品不能提供完全服务,就应考虑缩小商品销售范围。

多样的服务方式。有时把笑容当作服务,有时把礼貌当作服务,甚至有时可通过更切实的工作为别人服务。员工向在公司碰到的每个人致意,而且要向走在路上的人们致意。这样做是因为这些人或者已经是公司的顾客,或者都是公司潜在的顾客。

把顾客的责备当成天籁之声,不论责备什么,都要欣然接受。要听听顾客的意见,倾听之后要即刻有所行动。这是做好生意的必要条件。

花一元钱的顾客比花一百元的顾客对生意兴隆更具有根本的影响力。人往往对购买额较高的顾客殷勤接待而怠慢购买额较低的人，要记住，能热情接待一个购买电池或修小故障的顾客，他必然会成为你的永久顾客，不断为你带来大笔生意。

不要强迫推销。不是卖顾客喜欢的东西，而是卖对顾客有益的东西。要做顾客的采购员，为顾客考虑哪些东西对他有帮助，但也要考虑他的嗜好。遇到顾客前来退换货品时，态度要比原来出售时更和气。无论发生什么情况，都不要对顾客摆出不高兴的面孔，这是商人的基本态度，持这种原则就能建立良好的商誉。

决不二价。对杀价的顾客就减价，对不讲价的顾客就高价出售，这种行径对顾客是极不公平的，无论是什么样的顾客，都应统一价格。

商店缺货要不得。一旦缺货，则应立即补救，并郑重地道歉，说"我们补寄到府上"，要记得留下顾客的地址。注意新闻广告和报道，要了解顾客正热衷于什么商品。

松下公司认为，售前的奉承不如售后的服务，这是制造永久顾客的不二法则。松下公司的一位顾客买的电视机出了故障，由厂家保修。如果就这样把电视机搬走修理，对顾客相当不便。出于为顾客考虑，松下公司就送了一部电视机让顾客代用，使他们不因保修而耽误了收看节目。然后，尽快地将电视机修好送回，而且不取分文。松下公司这种出色的售后服务所体现的"自掏腰包为顾客"的精神，为公司赢得了良好的信誉和客户的信赖。

日本的大荣公司是日本两大百货公司之一，秉持"一切以顾客为中心"的经营理念，把公司从初创时只有13个职工、营业面积不过50平方米的小百货公司，扩展到经营食品和百货的大集团百货公司。

"更好地满足消费者对商品的需要"，这是大荣公司对"一切以顾客为中心"的最精辟的阐述。他们认为，凡是消费者所需要的商品，只要是价廉物美、供货及时，总能够卖得出去，依据"一切以顾客为中心"的决策，他们做的重要的一点就是满足消费者对价格的要求。他们打破了进货价格加上利润和其他管理费作为零售价格的传统观念，着重了解消费者可以接受的价格。大荣公司还把所经营的商品整理归类，按合理的计划和适宜的方法进行批发、零售。

以经营衬衫为例。其他商店一般以统一样式分为大、中、小三种规格，不同规格的商品具有不同价格。而大荣则与生产厂方协调一致，确定一个消费者满意而产销双方又有利可图的采购价格，因而很受消费者欢迎，使大荣公司树立起了良好形象，销售额也随之剧增。

大荣公司"一切以顾客为中心"原则指导下的又一高招，就是和生产者相互配合，采取联合标名策略。所谓联合标名，即大荣公司对质优价廉、享有良好声誉的生产厂家，采用在商品上标有生产厂家与大荣公司的名称。同时，大荣公司从这些厂家进货时，一律采取现金结算方式以支持这些工厂的生产。这样，秤杆两头皆得益，作为秤杆的大荣公司自是最大的受益者。

大荣公司的高明之处，就在于贯彻"一切以顾客为中心"的指导方针，由此促发经营妙招的层出迭现。可以说，没有"顾客至上"的理念，便不会有始终围着顾客打转的正确的决策思维。

编者点评

为顾客服务，绝不是一时兴起、心血来潮，而是一项持之以恒的工作。公司领导人必须经常地、不断地向员工宣传、灌输"顾客至上"理念，并制定切实有效的奖惩措施。商家要真正做到这一点，如没有这种理念的深入扎根，没有平常时时处处为顾客着想的实际行动，则是无法企及的。